문화콘텐츠 기획 핸드북

문화콘텐츠 기획 핸드북

2019년 9월 5일 초판 인쇄
2019년 9월 10일 초판 발행

지은이 | 태지호
교정교열 | 정난진
펴낸이 | 이찬규
펴낸곳 | 북코리아
등록번호 | 제03-01240호
주소 | 13209 경기도 성남시 중원구 사기막골로 45번길 14
우림2차 A동 1007호
전화 | 02-704-7840
팩스 | 02-704-7848
이메일 | sunhaksa@korea.com
홈페이지 | www.북코리아.kr
ISBN | 978-89-6324-669-7 (93300)

값 13,000원

문화콘텐츠
기획
핸드북

태지호 지음

북코리아

머리말

이 책은 문화콘텐츠 기획을 다룬다. 문화콘텐츠 기획이란 문화적 소재를 구체적으로 가공하고 이를 매체에 체화시킨 무형의 결과물을 만드는 과정이다. 문화콘텐츠 기획의 중요성은 문화콘텐츠라는 개념이 태동한 직후부터 지금에 이르기까지 수없이 강조되어왔다. 그럼에도 불구하고 문화콘텐츠 기획은 일반화하기가 쉽지 않다. 이는 문화콘텐츠의 범위가 매우 넓고 그 영역도 다양하기 때문일 것이다. 덧붙여 문화콘텐츠 자체 및 문화콘텐츠를 둘러싸고 있는 미디어 환경을 포함한 일상 문화의 다변화, 그리고 대중의 다양한 문화적 욕구의 표출 등과 같은 모습들은 문화콘텐츠 기획의 방향성 제시를 더욱 어렵게 한다.

필자는 문화콘텐츠를 공부하고 강의하면서 이러한 상황을 몸소 체험했다. 하지만 문화콘텐츠 기획에 관해 참고할 만한 서적을 찾기란 쉽지 않았다. 물론 여러 연구자에 의해 문화콘텐츠 기획을 다룬 서적들이 출판된 바 있지만, 문화콘텐츠 개념이 가지고 있는 영역의 방대함이나 기획의 난해한 과정을 쉽게 다루지 못했다는 아쉬움이 있었다.

문화콘텐츠 기획을 언급할 때, 항상 창의성이나 창조성 같은 개념이 수반되곤 한다. 하지만 정작 문화콘텐츠 기획 과정에 들어가게 되면, 더 중요하게 여겨지는 것은 문화라는 대상이 시스템이나 체계 속에서 특정한 결과물로 생산되는 방식이다. 즉 문화콘텐츠 기획은 문화적 생산물과 관련된 일련의 생산, 유통 그리고 소비 과정과 연관된 개념이기 때문이다. 따라서 창의성이나 창조성은 문화콘텐츠 기획을 위한 전제일 뿐 실제로 중요한 것은 그 과정을 어떻게 체계화하고 구체화할 것인지에 대한 문제이다. 이 책은 문화콘텐츠 기획에 대해 이러한 관점에서 주목하고, 개인적인 연구와 교육의 경험에 비추어 집필된 작은 결과물이다.

이 책은 문화콘텐츠 기획에 대해 크게 4장으로 구성했다. 우선 1장은 문화콘텐츠 기획에 대한 일반적이고 기초적인 개념을 다루고 있다. 여기서는 문화에 대한 개념적 이해에서 출발하여 앞서 언급한 문화콘텐츠 기획의 사회적 배경과 환경, 그리고 문화콘텐츠 기획의 영역에 대해 논의한다. 2장은 문화콘텐츠 기획을 협의의 개념으로 두고, 이후에 다룰 문화콘텐츠 경영과 문화콘텐츠 마케팅을 위한 전제로서 기획이란 무엇이며, 그리고 이를 위한 세부적인 사항들을 제시했다. 3장은 문화콘텐츠 경영과 정책의 관점에서 문화콘텐츠 기획을 다루며, 문화콘텐츠 경영과 정책을 위한 조직, 그리고 전략적 경영에 관련된 내용들을 수록했다. 4장은 문화콘텐츠 마케팅 차원에서 문화콘텐츠 기획의 결과물들이 특정한 시장과 소비자에게 어떻게 접근될 수 있는 것인지를 중심으로 논의했다.

거듭 강조하지만, 문화콘텐츠는 그 자체가 매우 광범위한 개념이기 때문에 이 책에서 다루고 있는 문화콘텐츠 기획 또한 쉽게 정리되기 어려운 내용들을 포함하고 있다. 동시에 문화콘텐츠 기획이 정립된 개념이 아니기 때문에 이 책의 여러 내용은 기존의 다양한 선행 연구들과 이론 및 방법론들을 수용하며 응용하고 있기도 하다. 이러한 내용들을 다루고 있지만, 이 책은 특정한 대표 사례를 분석하지는 않았다. 왜냐하면 이 책은 문화콘텐츠 기획에 대한 포괄적 이해를 위해 집필되었기 때문이다. 따라서 가능하면 각 영역들에 대한 개론적이면서도 이론적 논의를 문화콘텐츠 기획이라는 범주 속에서 다루고자 했다.

매우 부족한 책이라는 것을 필자는 분명히 알고 있다. '핸드북' 형식을 취한 것은 개인적인 역량 한계에 기인하기 때문이다. 그럼에도 이 책은 같이 공부하는 문화콘텐츠 전공자 학생들에게 문화콘텐츠 기획에 관한 간략한 참고서라도 있었으면 하는 많은 바람에서 나오게 되었다. 아무쪼록 문화콘텐츠를 공부하는 전공자 학생들에게 조금이나마 도움이 되길 기대한다.

CONTENTS

문화콘텐츠
기획
입문

1
문화콘텐츠 기획의 기초 개념들

문화콘텐츠를 다룸에 있어서 우선 거론되는 문제는 문화와 콘텐츠의 개념 문제이다. 문화와 콘텐츠는 매우 익숙한 용어이기는 하나 그것에 대한 정의는 매우 다양하다. 사실 이들을 어떻게 정의하느냐에 따라 문화콘텐츠에 대한 이해도 달라지기 때문이다. 이에 우선 이들이 가지는 의미를 먼저 살펴보고, 이를 통해 문화콘텐츠 기획 그리고 경영이나 마케팅 같은 문제를 다루어야 할 것이다.

1) 문화란 무엇인가

(1) 문화의 정의

우선 문화(culture)는 일상적으로나 학문적으로 매우 빈번하게 언급되지만, 그것이 구체적으로 무엇인가에 대한 명확한 답을 얻기는 쉽지 않다. 우선 문화에 관한 일반적인 논의부터 시작해보자. 문화와 유사한 용어로 문명(civilization)을 떠올릴 수 있는데, 이 둘의 차이는 문화가 인간의 정신적인 산물을 가리키는 데 반해, 문명은 물질적인 것들을 언급할 때 주로 활용된다는 점에 있다. 따라서 문화의 상대어는 '자연'인 데 반해 문명의 상대어는 '미개'라 할 수 있다. 이렇게 보면, 문명은 문화와 달리 계량적이고 구체적으로 측정할 수 있는 인간 작용들을 총칭한다. 즉, 문명이라 불릴 수 있는 것들은 분석에 있어서 우열 관계 등과 같은 평가가 가능하다.

그럼에도 불구하고 문화 또한 문명과 마찬가지로 그러한 평가적 의미를 가진다. 우리는 문화에 대해 '교양'과 같은 의미로 활용하기 때문이다. 이러한 관점은 현대사회의 여러 사회적 현상을 통해 다양한 '자본'의 가능성과 종류에 대해 논의한 바 있는 프랑스의 사회학자 피에르 부르디외(Pierre Bourdieu)의 문화자본(cultural capital) 개념과 상통한다. 부르디외에 따르면, 문화적 소양 혹은 문화적 취향은 개인들을 구별 짓는 준거가 될 수 있다. 물론 그러한 문화자본이 자본과 동의어라고 할 수는 없지만, 현대사회에서 '자본화'의 가능성을 가지고 있다는 점에서 중요하다. 다시 말해, 누군가가 어떠한 문화에 대해 이해할 수 있는 능력을 가지고 있거나 특정한 문화적 자격을 획득하거나 혹은 문화의 좋음과 나쁨을 구분할 수 있다면 그는 문화자본을 가지고 있는 것이다. 예술품을 감상할 수 있는 능력, 영화에 대한 깊은 소양이나 특별한 이해력, 정기적으로 공연을 관람하고 그것에 대해 평가할 수 있는 능력, 특별한 악기나 미디어를 다룰 수 있는 능력 등이 일종의 문화자본이 될 수 있다. 무엇보다 이것은 고급문화와 대중문화에 대한 구분과도 연관되는데, 어떠한 문화를 소비하느냐는 그 사람의 사회적 위치를 반영하며, 그것을 통해 자신의 지위를 공고히 하거나 반영할 수 있다.

이렇듯 문화에 대한 논의는 다양한 사회적 이해에 관한 준거를 제공하기 때문에 그만큼 문화를 정의한 여러 학자가 있어왔다. 그중에서 특히 문화에 대한 저명한 논의를 제시한 레이먼드 윌리엄스(Raymond Williams)에 의하면, 문화는 '삶의 총체적인 방식'으로서 우리의 일상 속에 나타나는 모든 실천을 의미한다. 이러한 정의에는 조각, 회화, 무용 등과 같은 예술은 물론이며, 의식주 같은 일상에 필요한 재화가 포함되고, 이외에 사람들 간의 다양한 커뮤니케이션 방식 또한 문화에 속한다.

(2) 문화의 특징

이러한 문화는 몇 가지 특징을 가진다. 우선 문화는 사회 속에서 의미를 가지기 때문에 사회화 과정과 연관된다. 다시 말해, 문화는 학습된다. 언어, 언어를 통한 문학 작품들, 다양한 예술, 대중문화 등 모든 문화는 학습을 통해 내재화된다. 또한 문화는 세대를 거쳐 전수된다. 그러므로 특정한 문화권은 오랜 시간 동안 전해 내려온 고유한 문화가 존재하며, 이는 이후에도 계속해서 전승된다. 하지만 이러한 과정 속에서 문화는 변하기도 한다. 즉, 혁신을 통한 내적 변화도 있지만 외부적 요인에 의해 전파되기도 하는 등 문화적 변용이 나타나기도 한다. 한편, 모든 문화는 상징을 토대로 한다. 상징(symbol)이란 문화를 공유하는 사람들이 자각하는 특별한 의미를 수반하는 모든 것이라 볼 수 있다. 즉, 문화는 사회 구성원들 간의 커뮤니케이션을 위해 활용되는 모든 행위라 볼 수 있다. 이러한 관점에서 문화는 사회의 통합적인 제도이다. 문화를 통해 사회가 유지되고 사회 구성원들의 커뮤니케이션이 이루어지기 때문이다.

2) 문화콘텐츠의 정의

최근 들어, 좀 더 엄밀하게 말하면, 2000년대 초반부터 문화를 언급할 때 종종 '문화콘텐츠'라는 단어도 같이 거론되었다. 문화콘텐츠는 이제 매체에서나 학계에서나 혹은 일반인에게도 꽤나 익숙한 용어가 되었다. 하지만 아직도 이 용어의 정의에 대한 논의는 분분하다. 당연하지만, 문화콘텐츠는 문화와 콘텐츠가 결합된 어구이다. 용어의 결합 형태는 단순하다. 상술했다시피, 그 각각의 의미 역시 익숙한 것이지만 실제 개념은 그리 명료하지 않다. 왜냐하면 앞서 살펴본 '문화'라는 단어에서 나타나는 의미의 모호함과 방대함도 만만치 않은 문제인데, 여기에 '콘텐츠'라는 추상적인 단어가 결합되어 있기 때문이다. 그럼에도 불구하고 개념적으로 문화콘텐츠를 정의한다면 문화적 내용물이라 할 수도 있겠지만, 이 역시 문화콘텐츠를 더욱 어렵게 만드는 양상일 뿐이다.

(1) 문화콘텐츠에 대한 다양한 정의

물론 문화콘텐츠에 대한 정의는 여럿 존재한다. 우선 문화란 가치와 연관된 객체의 총체라는 리케르트의 개념에서 출발하여 문화콘텐츠를 정의하는 사례가 있다. 즉, 문화콘텐츠란 문화의 원형 또는 문화적 요소를 발굴하고 그 속에 담긴 의미와 가치(원형성, 잠재성, 활용성)을 찾아내어 매체(on-off line)에 결합하는 새로운 문화의 창조 과정이라는 것이다(심승구, 2005). 이러한 정의는 문화콘텐츠에 대한 다양한 가능성을 제시하며 그에 선행하는 문화적 의미를 강조한다는 차원에서 설득력을 지닌다.

이와는 달리 한국적 상황에서의 상품적 가치와 산업적 활용은 물론이며 그 가치의 측면에 주목하여 좀 더 구체적인 정의를 내리기도 하는데, 문화콘텐츠는 어떤 소재나 내용에 여러 가지 문화적 공정을 통해 가치를 부여하거나 가치를 드높인 것이라는 것이다(최연구, 2006). 이러한 정의는 '가치'라는 측면과 그 가치를 문화콘텐츠 탄생의 시대적 요구인 경제적 측면에서 강조했다는 점에서 중요하다.

또 다른 정의로, 문화콘텐츠란 주체와 객체를 구성요소로 하고, 서비스를 중심으로 주체와 객체 간에 이루어지는 끊임없는 내적 교감이 객체의 감정 변화를 유발하여 정신적 고양과 해방감, 카타르시스를 얻게 하는 것이라 한다(권오성 외, 2007). 하지만 이러한 정의는 매우 추상적이며, 구체적이지 못한 한계를 가짐으로써 정의를 통해 그 외에 추가로 논의할 사항들이 모호해진다는 점이 지적될 수 있다.

(2) 문화적 소재가 구체적으로 가공되어 매체에 체화된 무형의 결과물

문화콘텐츠에 대한 정의는 좀 더 명확해야 하며, 문화콘텐츠라는 대상이 다른 '어떤 것'들과 구별되는 형태적 측면을 한정해줄 수 있어야 한다. 동시에 새로운 개념의 정의라는 차원에서 볼 때, 의미의 축약성과 정확성이 매우 중요하다. 따라서 문화콘텐츠에 대해 좀 더 구체적으로 조작하여 정의를 내리면 다음과 같은 의미를 가질 수 있겠다. 즉, 문화콘텐츠란 "문화적 소재가 구체적으로 가공되어 매체에 체화된 무형의 결과물"이다(태지호, 2014). 이러한 정의가 각각 어떻게 분절되어 의미화될 수 있는지 살펴보도록 하자.

(3) '문화적 소재'

여기서 문화적 소재는 앞서 언급한 레이먼드 윌리엄스의 문화 개념에 비추어보면 단지 전통 문화, 예술 등의 범주로 한정되지 않는다. 즉, '삶의 총체적인 방식'이 문화이기 때문이다. 이렇게 보면, '문화콘텐츠' 표현에서 '문화'를 생략해도 의미상 크게 문제 될 것은 없다. 문화콘텐츠에서 말하는 문화적 소재란 우리 삶과 관련 있는 모든 것이 소재로서 활용될 수 있기 때문이다. 실제로 많은 경우 문화콘텐츠와 콘텐츠를 혼용하기도 한다. 그리고 문화콘텐츠에 관한 정책을 담당하는 정부기관인 '한국문화콘텐츠진흥원'도 '한국방송영상산업진흥원', '한국게임산업진흥원' 등 여러 기관과 통합하면서 그 명칭이 '한국콘텐츠진흥원'으로 바뀌기도 했다. 다만, 특정한 문화 영역을 통해 문화콘텐츠를 한정하고자 하는 경우는 존재한다. 가령, 역사문화콘텐츠, 종교문화콘텐츠 등과 같이 문화를 한정하여 특정한 문화적 소재를 통한 문화콘텐츠가 거론될 수 있다.

(4) '구체적으로 가공되어'

구체적으로 가공된다는 것은 문화적 소재가 최종 결과물의 형태, 목적, 가치 그리고 사용자 및 소비자 등을 염두에 두고 그에 맞는 변형이 필요하다는 것이다. 여기에는 스토리텔링(storytelling)[1]이라는 문화적

---

1) 스토리텔링(storytelling)이란 사용자의 관점에서 이야기가 풀어지는 과정을 뜻하는 것인데,

소재를 '이야기처럼 풀어가는' 일종의 방법론이 요구되며, 이를 위한 적절한 기술의 선택, 인터페이스(interface), 내비게이션(navigation), 디자인 등을 중요한 요소로 꼽을 수 있다. 흔히 이러한 문제들에 대해 온라인 기반의 콘텐츠, 특히 웹(web)을 미디어로 사용하는 문화콘텐츠에 국한하여 논의하는 경우가 있는데, 이는 실제로 좀 더 폭넓은 논의를 요구한다. 물론 인터페이스, 내비게이션 등의 문제는 기술적인 측면에 더욱 치중해 있지만, 이를 스토리텔링이라는 관점에서 생각해보면 이야기가 진행된다는 차원에서 개인들이 각자 경험해가는 과정이라고 볼 수 있기 때문에 더욱 확장시켜 논의해야 한다. 오프라인 콘텐츠에서도 이러한 스토리텔링이 요구되며, 동시에 성공적인 스토리텔링을 구현하려면 그 '장치들'인 인터페이스, 내비게이션, 디자인 등이 중요한 요소가 된다. 따라서 구체적 가공의 문제란 소재를 통해 스토리텔링하는 과정이라 할 수 있으며, 이를 위한 적절한 기술과 장치 등의 방법이 필요하다는 것이다.

이는 사용자의 행동, 반응 등의 상호작용에 초점을 두는 이야기가 진행되고 있는 상황을 말한다. 이에 대표적인 사례는 게임이다. 반면에 스토리(story)란 사용자가 중심이 아니라 이야기, 즉 텍스트가 중심이며, 여기서의 사용자는 능동적인 사용자가 아닌 수동적인 수용자가 된다. 이것의 콘텐츠의 오랜 관습이다. 스토리를 강조한 콘텐츠의 대표적인 사례로는 인쇄 · 출판미디어에 담긴 텍스트(소설 등) 혹은 상호작용적이지 않은 전자미디어(TV, 라디오 등)에 담긴 여러 영상물(영화, 드라마 등) 등을 꼽을 수 있다. 이에 대해서는 뒤에서 상술할 것이다.

(5) '매체에 체화된'

다음으로 매체에 대한 논의를 살펴보자. 일반적으로 매체는 콘텐츠가 담기는 그릇으로 표현된다. 매체는 메시지를 전달하는 가교 역할을 하는 것이며 일종의 채널이기도 하다. 또한 매체는 문화콘텐츠와 연관해서는 문화적 소재가 전달되고 경험되는 외연적 형태라 할 수 있다. 즉 문화적 소재가 매체에 체화될 때, 문화적 소재는 문화콘텐츠로서의 기본적인 요건을 갖추게 된다. 따라서 문화콘텐츠로서 모습을 갖추고 그것이 효과를 가지기 위해 매체는 필수이며, 매체가 배제되면 문화적 소재는 단지 소재 혹은 문화 자체일 뿐 문화콘텐츠라고 하기에는 의미가 불분명해진다.

흔히 매체, 즉 미디어를 언급할 때는 신문, 잡지, 책 등의 전통적인 인쇄 · 출판미디어와 라디오, TV 등의 전자미디어, 그리고 최근의 디지털 환경과 연관하여 컴퓨터, 휴대폰, 스마트폰 등의 뉴미디어를 떠올린다. 인쇄 · 출판미디어가 전자미디어 혹은 뉴미디어와 결합이 용이하다고 가정한다면, 앞서 언급한 미디어들은 최근의 미디어 환경과 연관하여 온라인 기반의 미디어라고 볼 수 있다. 그리고 대부분의 문화콘텐츠들 — 게임, 영화, 애니메이션, 방송콘텐츠 등—은 온라인 미디어 기반으로 기획, 제작, 유통이 가능하다.

하지만 현재의 문화콘텐츠가 온라인 미디어에만 적용되는 것은 아니다. 가령 공간형 콘텐츠라 할 수 있는 박물관, 전시회, 공연, 이벤트 · 축제, 테마파크 등도 문화콘텐츠의 범주에 포함된다. 그리고 이들의 실제 규모가 방대하며, 앞서 언급한 온라인 미디어 기반의 문화콘텐츠만큼이나 그 주목성도 매우 크다. 따라서 미디어의 범주 문제도 확장하여 접근할 필요가 있다. 비록 마셜 매클루언(Herbert Marshall McLuhan)이 언급한 인간 감각기관의 확장이라는 개념[2]을 동반하지 않더라도 매체라는 용어적 측면에 충실하게 보면 박물관, 공연 등에서의 건축 공간과 축제 · 이벤트, 테마파크 등에서의 구획된 공간 역시 '매개를 위한' 일정한 형식이라는 틀을 가지고 있으면서 그 안에 문화적 소재를 담고 있는 모습을 보이고 있다. 결국 미디어의 형태가 다를 뿐 온라인 기반 미디어와 이러한 오프라인 기반 미디어의 역할은 동일하다. 즉 문화적 소재가 미디어에 체화된다는 면에서 온라인 콘텐츠, 오프라인 콘텐츠, 특히 공간형 콘텐츠는 본질적으로 동일한 문화콘텐츠의 속성을 지니게 된다.

(6) '무형의 결과물'

마지막으로 무형에 대한 문제이다. 앞서 언급한 각각의 문제에 덧붙여 문화콘텐츠의 개념에서 또 하나 중요한 점은 문화콘텐츠가 경험을 통해 인식적 차원에서 체험할 수 있는 무형의 상품이라는 것이다. 이는 문화콘텐츠가 일반적 상품과 달리 소비를 함으로써 그 가치를 유형적으로 소유할 수 있는 것이 아니라 소비 자체의 경험을 통해 만족감을 얻는 경험재임을 의미한다.

---

2) 마셜 매클루언은 "미디어는 메시지다"라는 주장을 하면서, 미디어는 인간 감각기관의 확장이라고 했다. 매클루언에 의하면, 자동차는 다리의 확장, 의복은 피부의 확장, 책은 눈의 확장이다.

경험재적 속성은 온 · 오프라인 콘텐츠 모두에 해당하는 공통적인 문화콘텐츠의 속성이다. 물론 최근 들어 여러 유형적 재화 또한 이러한 무형적 가치가 강조되는 것은 사실이지만, 그러한 모습은 재화의 본래 속성에서 추가된 것이다. 따라서 애초에 문화콘텐츠와 유형적인 재화는 그 제작 목적과 쓰임새가 다르다. 그리고 유형적인 재화에 이러한 속성이 부여된다고 하여 문화콘텐츠에 대해 이러한 한계를 설정하지 않는다면 모든 것이 문화콘텐츠가 될 수밖에 없다. 문화콘텐츠 역시 상품이고 소비를 위해 만들어진 것이지만, 다른 것, 특히 제조업에서의 재화와 구분되는 개념 설정이 필요하다. 따라서 문화콘텐츠는 유형적이되 무형적인 경험이 우선시되며, 그 효과를 최대한 가져오게끔 하기 위해 그 제작 과정의 공정이 일반적 상품의 그것과는 다르게 나타날 수 있다. 특히 앞서 언급한 포괄적인 측면에서의 '구체적 가공'이라는 점은 무형을 경험으로써 가능케 하는 중요한 요소임을 지적할 수 있다.

그럼에도 불구하고, 최근 들어 제조업이나 일반적 재화에서도 경험적 속성이 강조되는 점은 부연할 필요가 있다. 가령 음식, 자동차, 화장품, 패션 등과 같이 문화콘텐츠가 아닌 영역에서도 사람들은 그것을 소비함에 있어서 단지 상품의 기능적이고 물리적인 속성만을 염두에 두지 않기 때문이다. 다시 말해, 그러한 상품들을 소비함으로써 나에게 주는 특별한 가치나 평판 혹은 의미 등은 인지적인 문제이며, 경험재적 속성을 반영하고 있기 때문이다. 따라서 이들 영역에서도 문화, 의미, 가치, 경험 등의 개념이 생산과 소비 과정에서 매우 중요하게 인식되고 있음을 고려할 필요가 있다. 하지만 그러한 속성들이 강조된다고 하여 이들을 문화콘텐츠라 할 수는 없다. 즉, 문화콘텐츠 같은 경험적 · 인지적 속성이 점점 부각되고 있는 것일 뿐 애초에 그 재화의 속성은 문화콘텐츠와 다르다는 점을 구분할 필요가 있다.

(7) 문화콘텐츠의 영역들

이러한 논의에 비추어보면, 문화콘텐츠는 영화, 방송콘텐츠, 애니메이션 등과 같은 영상 문화콘텐츠, 출판, 만화 등과 같은 인쇄·출판콘텐츠, 게임, 웹 및 애플리케이션 등과 같은 디지털 콘텐츠, 축제, 박물관, 전시회, 테마파크, 공연, 이벤트 등과 같은 공간형 콘텐츠 그리고 광고 등을 꼽을 수 있다.

여기서 광고의 경우, 여타 문화콘텐츠와 다른 특성을 가진다는 점을 언급할 필요가 있다. 여타 문화콘텐츠는 그 자체를 경험하고 소비하기 위한 대상인 데 반해, 광고는 광고를 위해 선행되는 '재화'가 존재한다. 즉 광고는 그 자체를 소비하기 위한 재화가 아닌, 다른 선행되는 상품이나 재화를 '위해' 제작하는 것이기 때문이다. 그럼에도 불구하고, 광고 또한 앞서 언급한 문화콘텐츠의 정의에 부합하는 특징을 가지고 있는 것은 분명하다.

이렇듯 문화와 콘텐츠가 결합된 단순한 어구인 것처럼 보여도 문화콘텐츠 개념은 용어가 내포하고 있는 중요한 논점들이 많이 있다. 문화콘텐츠는 우리의 일상에서 소비되고 있는 문화적 생산물들의 거의 전부라 할 수 있다. 동시에 학문적으로 보면 인문학, 사회과학, 기술공학, 예술학 등 모든 학문의 요소들이 연관되어 있는 다학문적 속성이라는 특징을 가지고 있기도 하다. 이는 이후의 기획, 경영, 마케팅에 관한 논의에서 더 분명해지는데, 문화, 가공, 매체, 경험 · 인지 등의 문제를 내포하고 있는 문화콘텐츠는 특별한 학문의 범주에 속하는 개념이 아니라 통합적인 차원에서 이해될 수 있는 영역이다.

3) 문화 산업과 문화콘텐츠

문화 산업은 문화의 대중화와 연관하여 가장 익숙한 개념이자, 문화와 관련된 경제적 논의에서 가장 일반적인 영역이다. 문화 산업은 문화를 상품으로 하여 경제 시스템 속에서 생산과 유통 그리고 소비가 이루어지는 일련의 영역을 의미한다. 여기에는 이 책에서 중점적으로 다룰 문화콘텐츠뿐만 아니라, 문화콘텐츠의 생산과 유통을 위한 기반 산업, 문화재의 보존과 복원 등과 관련된 산업, 공예 및 디자인 산업, 문화 관련 각종 교육 및 컨설팅 영역, 그리고 기타 문화 관련 제반 산업 등이 포함된다. 따라서 문화콘텐츠를 언급함에 있어 그 선행적인 개념이자, 넓은 범주인 문화 산업에 대한 언급이 필요하다.

(1) 문화 산업의 기원

무엇보다 문화 산업이라는 용어의 기원과 관련하여 살펴보면, 그

쓰임새는 지금과 달랐다는 점에 주목할 필요가 있다. 이 개념은 1940년대 중반에 독일 프랑크푸르트학파의 일원들이었던 아도르노(Theodor Wiesengrund Adorno)와 호르크하이머(Max Horkheimer)가 저술한《계몽의 변증법》이라는 책에서 유래한다. 이들은 여기서 문화 산업이, 특히 나치즘 같은 극단적인 전체주의의 경우와 같이 대중을 기만하는 계몽의 일환이 된다고 비판하면서 문화가 대량 생산 및 소비되는 과정 속에서 대중이 소외된다고 논의하고 있다. 특히 이들은 산업 혁명과 그에 따른 자본주의의 확산이 문화 또한 상품으로 변질시키고, 이를 통해 진정한 문화가 퇴색되었다고 지적하고 있다. 따라서 현재의 문화 산업에 대한 인식과 달리 본래 이 용어는 자본주의 사회에서 나타나는 일률적인 문화적 생산과 소비의 양상을 비판하는 개념이었다. 이러한 논의에 대해서는 아직도 문화 연구, 비판 이론 등과 같은 학문 영역에서는 심도 있게 다루어지고 있다. 이들 영역은 문화 산업이 현재 사회의 권력과 자본의 역학관계 속에서 현실의 모순들을 은폐하거나 조작하고, 혹은 대중의 주체성이 결여된 결과물이라고 비판하기도 한다.[3)]

---

3) 이들의 관점은 문화콘텐츠에 대한 산업적 효과나 경제적 가치에 대한 중요성만을 강조하는 논의에 대해 비판적이며, 특히 문화가 산업이나 경제에 종속되는 상황을 경계한다. 이들은 문화의 자율성을 강조하면서, 그것이 우리 사회나 구성원들의 정체성과 어떻게 연관되어 있는지를 살펴본다는 점에서 문화콘텐츠에 대한 논의를 더욱 생산적이게 한다. 다만, 이 책의 취지와는 다르기 때문에 이들의 논의를 상세히 다루지는 않을 것이다.

(2) 문화 산업에 주목하는 이유

그렇다면 최근 들어 문화 산업이 주목을 받는 구체적인 이유는 무엇일까? 이는 크게 두 가지 측면에서 살펴볼 수 있다. 첫 번째는 문화 산업이 개인적인 차원에서의 삶의 질을 향상시킨다는 면에서 중요하다. 한국의 경우, 1990년대 후반, 특히 IMF 외환위기를 극복한 이후 경제적 지표가 비교적 안정세로 들어선 다음부터 개인들의 관심은 여가를 어떻게 보내는가에 집중되었다. 이는 문화가 개인의 소비적 관점에서 인식하게 되었음을 의미한다. 즉 대중은 윤택한 삶의 영위를 위해 좀 더 새롭고 즐거우며, 동시에 유익한 '문화'들을 원하게 되었다. 그리하여 공연, 축제, 전시회, 영화, 게임 등과 같이 개인들의 기호와 욕구 및 경제적 상황에 맞는 다양한 문화콘텐츠들이 나타나게 되었다. 따라서 개인들은 자신들의 취향이나 정서, 그리고 여러 가지 일상의 상황에 맞추어 선택한 문화 소비를 통해 여가를 보냄은 물론, 개인의 욕구를 충족하게 되었다. 일부 질적 수준이 낮거나 선정적인 문화 소비 활동들도 존재하기는 하지만, 사회적 가치를 준수하는 차원에서 다양한 문화콘텐츠가 많아진다면 대중의 삶의 질 수준은 더욱 높아질 수 있다.

두 번째 이유는 좀 더 거시적이면서 이 또한 경제적 관점과 연관되는데, 이는 이미 익숙해진 한류의 성공 사례 등에서 나타나는 가치에 대해 주목할 수 있다. 특히 한류의 경우, 국가적 차원에서 한국의 문화가 해외로 진출하게 되면서 얻게 되는 경제적 이익, 그리고 이를 통한 한국의 국가 이미지 상승으로 이어지는 과정에서 주목되었다. 그리고 한류는 영화, 드라마, 게임, 음악 등 여러 문화콘텐츠 영역을 통해 진행되었다. 한류나 문화콘텐츠의 여러 영역은 무엇보다 기존의 제조업 생산과 소비 과정에서 차이점이 드러난다. 문화 산업은 무엇보다 창의성이 재화의 주된 '자원'이라는 점에 비추어볼 때, 제조업이 인건비 및 원자재 가격 상승이나 환경 문제 등으로 인해 어려움을 겪게 되는 상황에서 문화 산업은 그 대안으로서 유망하기 때문이다.

이러한 특성과 연관하여 문화 산업의 제 영역은 모두 고부가가치 산업이라는 특징을 가지고 있다. 특히 문화콘텐츠를 포함한 다양한 문화 산업의 영역들은 OSMU(One Source Multi Use)를 통해 하나의 소재·자원·상품이 다양한 상품·영역으로 재생산될 수 있다. 이는 윈도 효과(window effect)와도 연관되는데, 문화 산업은 다양한 매체(창구)를 통해 하나의 상품이 재활용되거나 유통되는 특성을 가진다. 이러한 특성으로 인해 문화 산업은 시장 규모가 가파르게 성장하고 있으며, 그에 따른 고용 창출률도 점점 커지고 있다.[4] 각 국가는 이러한 문화 산업의 특성으로 인해 국가적으로 이를 적극적으로 육성하고 있다. 미국에서는 문화 산업을 'entertainment industry'로 부르고 있으며, 특히 미국은 저작권법 강화를 통해 할리우드 영화, 디즈니 애니메이션, 팝 음악 등의 수익을 극대화하고 있다. 영국의 문화 산업은 'creative industry'이며, 출판, 영화, 공연, 음악 등의 분야에서 고른 성장세를 보인다. 일본은 전 세계 2위권의 문화 산업 강국으로, 애니메이션, 게임, 음악, 캐릭터, 만화 등이 강세이다. 그 밖에 프랑스, 독일, 대만 등이 문화 산업에서 두각을 나타내고 있으며, 최근 중국 또한 괄목할 만한 성장세를 보이고 있다. 실제 문화 산업의 경우, 성장률이 다른 산업 분야를 훨씬 웃돌고

---

4) 이와 연관하여 '문화'의 경제적 특성은 '문화콘텐츠 경영'에 관한 장에서 좀 더 다룰 것이다.

있으며, 이와 동시에 시장 규모도 매우 크다. 예를 들어, 애니메이션 시장은 조선 시장보다, 게임 시장은 반도체 시장보다 그 규모가 크다. 이렇듯 계속해서 성장하고 있는 문화 산업은 기존의 다른 산업과는 달리 창의력, 감성, 지식, 상상력 등에 견인되고, 그에 따라 새롭게 시장이 탄생하고 있기 때문에 그 가능성은 무한하다고 할 수 있다.

문화 산업의 중요성에 대한 인식으로 인해 각 분야에서는 이에 대한 육성을 위해 노력하고 있다. 우선 정부에서는 문화 산업을 문화콘텐츠에 집중하여 중앙부처에서의 한국콘텐츠진흥원이나 지역에서의 경상북도문화콘텐츠진흥원, 경기콘텐츠진흥원 등과 같은 기관을 설립하여 관련 정책을 통해 문화 산업 사업체 및 인력을 지원하고 있다.

학계에서는 문화콘텐츠, 문화 기획, 문화 산업, 문화 경영, 예술경영, 미디어 콘텐츠 등과 같은 여러 관련 학과들이 생겨나고 있으며, 또한 기존의 미디어 관련 학과, 예술학 관련 학과, 일부 인문학 관련 학과에서 그 외연을 문화 산업으로 확장하여 교육 및 연구를 진행하고 있다. 그리고 사업체에서는 한류의 성공에 힘입어 문화 산업 관련 업체가 아닌 기존의 제조업 기업에서도 문화를 마케팅에 활용하기도 한다. 그리고 직접적인 문화 산업 영역인 게임, 공연, 방송 등 문화콘텐츠 관련 기업들이 성장세에 있다. 이와 더불어 각 지자체에서도 축제, 공연 등을 적극적으로 개최하거나 박물관, 전시회 등의 육성을 통해 문화를 통한 지역경제의 활성화를 도모하고 있다.

2
문화콘텐츠와 문화 산업 영역

1) 범주의 모호성: 컨버전스

앞서 문화와 문화콘텐츠 그리고 문화 산업의 일반적인 특징에 대해 살펴보았다. 이 절에서는 문화콘텐츠 기획의 관점에서 문화콘텐츠들이 구체적으로 어떻게 형태적 혹은 산업적 관점에서 분류될 수 있는지 살펴보고자 한다. 물론 이러한 범주에 대한 구분은 계속 모호해지고 있으며, 실제로 이 절에서의 구분 또한 다소 모호한 부분이 있다. 이는 미디어와 미디어, 콘텐츠와 콘텐츠, 그리고 산업과 산업이 합쳐지는 현상인 이른바 컨버전스(convergence), 융합의 양상에 기인한다.

기존의 아날로그 미디어 혹은 디지털 기술의 초창기 미디어들은 단일 미디어로서만 존재하고 기능했다. 즉 이전에는 텔레비전, 라디오, 오디오, 카메라, 전화기 등 고유의 기능을 탑재한 미디어들만 존재했지만, 이제는 상황이 바뀌었다. 특히 전화기만 보더라도 스마트폰은 카메라, 오디오, 텔레비전, 컴퓨터 등의 기능이 합쳐진 멀티미디어 디바이스가 되었기 때문이다. 스마트폰을 통해 이메일을 보내거나, 영화나 각종 동영상을 시청하고, 상거래를 하거나, 소셜 플랫폼을 통해 다양한 문화적 활동을 할 수 있게 된 것은 이제 새로운 일도 아니다. 동시에 이제는 이러한 미디어들이 경량화되면서 이동성과 휴대성이 극대화되었다. 여기에 무어의 법칙(Moore's Law)[5]이 적용되어 상대적 가격이 점차 하락하면서, 이러한 컨버전스 미디어들은 특정한 계층이나 집단에만 한정되는 것이 아니라 보편화되어 활용되고 있다.

디바이스인 미디어뿐만 아니라 콘텐츠 또한 컨버전스 현상이 두드러진다. 이제 콘텐츠도 단일한 경험 혹은 특정한 영역으로만 단독으로 제공되지 않는다. 실제로 게임과 드라마, 공연과 영화, 박물관과 축제 등이 하나의 콘텐츠로 경험될 수 있도록 제작되고 있다. 이는 이른바 트랜스미디어 현상과도 연관되는데, 미디어 간의 경계를 가로지르는 스토리텔링 방식으로서 콘텐츠의 생산, 유통, 소비, 재생산 등의 과정 속에서 각 콘텐츠는 융합되면서 다양한 체험을 가능케 한다.

이러한 현상 외에 문화 산업 혹은 문화콘텐츠 영역이라 할 수 있

---

5) 이는 인텔사의 설립자 중 한 명인 고든 무어(Gordon Moore)의 이름을 붙인 것으로, 컴퓨터 칩의 기억력 혹은 정보 저장량은 18개월마다 두 배로 증가하지만 가격은 변하지 않는 것을 말한다. 즉, 시간이 지날수록 계속해서 새로운 미디어들이 생산되지만 가격은 변하지 않는다는 측면에서 많은 사람들이 더 쉽게 미디어를 접하고 사용할 기회가 높아지게 되었다. 이러한 미디어의 보편화와 그에 따른 가치의 증대는 멧커프(Metcalfe)의 법칙과도 연관된다. 제록스(Xerox)사에서 개발된 네트워크 표준인 이더넷(Ethernet)을 창안한 밥 멧커프(Bob Metcalfe)에 따르면, 네트워크의 경제적 가치인 유용성 혹은 효용성은 그 네트워크 사용자의 제곱에 비례한다. 이는 미디어와 콘텐츠가 시장에서 확장되고 그 효과가 어떠한지에 대한 양상을 의미하는 것으로, 많은 기업이 미디어와 콘텐츠를 통해 마케팅을 활용하는 근거가 되기도 한다.

는 대중문화 영역들과 클래식 음악, 무용, 연극 등과 같이 예술 혹은 고급문화 영역들 또한 융합되어 새로운 문화콘텐츠로 제공되기도 한다. 이는 문화 비평적 관점에서 보면, 포스트모더니즘의 모습으로 해석되기도 한다. 즉 문화가 특정인에 의해 생산되고 특정 소비자에 의해 독점되거나 소비되는 것이 아닌, 경계를 허물고 새로운 모습으로 계속해서 생산되는 상황이다.

이러한 현상들은 문화콘텐츠나 문화 산업 외에 기존의 산업 틀 또한 허물어뜨리고 있다. 애초에 분리되어 산업 영역을 구축했던 전자제품회사와 통신회사 등이 이제는 합병되거나 공통된 상품 및 서비스를 제공하기도 하며, 문화, 환경, 의료 등 다양한 산업군이 융합되어 그에 따른 새로운 수익 모델을 파생시키기도 한다.

결국 문화 산업 영역이 명확하게 분리되기보다 이제는 미디어의 활용과 유통 그리고 소비의 영역이 매우 유동적이며, 각 영역이 융합되는 현상으로 나타나는 것이 일반적이다. 또한 문화콘텐츠의 경우, 그것의 성격이 공공적이든 상업적이든 간에 소비자의 '몰입'을 최우선적으로 고려한다는 점에 주목할 수 있다. 그리고 문화콘텐츠들은 이러한 몰입을 위해 계속해서 교차되어 기획되고 그 경계가 불분명해지고 있다.

그럼에도 불구하고, 이 책에서 다루고 있는 문화콘텐츠 기획이라는 관점에서 볼 때, 그 산업 영역인 문화 산업에 대한 기초적 이해와 다양한 생산물에 대한 공통된 속성으로서의 범주에 대한 인식이 필요하다고 할 수 있다. 이에 대해 이 절은 문화 산업의 다양한 생산물을 문화콘텐츠의 관점에서 제시하고자 한다. 이 절에서는 이들 영역을 제작 기술의 기반에 의한 구분으로 아날로그와 디지털, 그리고 생산과 소비 및 유통의 주된 경로에 의한 구분으로 온라인과 오프라인으로 나누어 설명할 것이다. 또한 그 표현과 경험의 측면에서는 영상 문화콘텐츠의 관점을 중심으로 설명할 수도 있다.

2) 온라인 문화콘텐츠

온라인 문화콘텐츠란 유 · 무선을 이용한 통신망을 통해 유통 · 소비되는 문화콘텐츠를 말한다. 이는 대부분 라디오, 텔레비전 등 기존의 방송망을 통해 유통되는 문화콘텐츠와 최근의 인터넷 또는 모바일을 통해 향유되는 문화콘텐츠 모두를 포함한다. 전자의 경우는 기존의 방송콘텐츠가 대표적이며, 후자의 경우는 온라인게임, 이러닝 콘텐츠, 사이버 뮤지엄, 전통문화 D/B 등 다양하다. 기존의 온라인 문화콘텐츠는 아날로그 기술을 사용하여 제작되고 그에 따른 유통으로 진행되었다. 하지만 이제는 디지털 기술을 이용하고 있기 때문에 양적으로 더욱 다양해지고 있으며, 질적으로도 HD, UHD 그리고 3D와 스마트 텔레비전 및 방송 사례와 같이 발전된 모습을 보이고 있다. 온라인 문화콘텐츠는 당연히 전자미디어를 필요로 한다. 즉, 전자미디어의 대부분은 통신망(방송이든 인터넷이든)을 통해 콘텐츠를 제공하기 때문이다. 앞서 온라인 문화콘텐츠 기술이 아날로그에서 디지털로 변화한다고 했는데, 이는 전자미디어의 기술이 바뀌었기 때문이라 해도 과언이 아니다. 따라서 이러한 전자미디어를 통해 제공되는 문화콘텐츠는 미디어의 발전과 결합하여 좀 더 다양해지고 그 형태가 변화되는데, 방송콘텐츠 역시 이제는 디지털 TV, I프레젠테이션V, 그리고 스마트 TV를 통해 상호작용이 가능한 콘텐츠를 제공하기에 이르렀다.

이에 대해서는 특히 시청자의 위치가 변화되는 측면에 주목하여 설명할 수 있다. 즉 시청자는 기존의 방송과 달리 단지 콘텐츠를 일방적으로 제공받는 수용자가 아니라, 이제는 다양한 콘텐츠를 선택하는 것은 물론이고 이를 통해 쇼핑, 인터넷 검색, 부가 정보 등을 취사선택하기도 하며, 혹은 멀티 시나리오, 멀티 앵글 그리고 멀티 태스크를 통해 적극적으로 콘텐츠를 경험하는 능동적인 사용자가 되는 것이다. 이러한 양상은 앞서 언급한 컨버전스의 양상과도 맞물리게 되는데, 이제는 미디어가 융합을 통해 다양한 기능을 가지게 되므로 콘텐츠 또한 기존의 단일 콘텐츠가 아니라 컨버전스 되는 양상을 보인다. 따라서 텔레비전을 통해 웹 콘텐츠 및 SNS를 즐길 수 있으며, 동시에 네트워크 된 컴퓨터를 통해 기존의 방송콘텐츠를 경험하기도 한다.

결국 온라인 문화콘텐츠는 뒤에 설명할 디지털 문화콘텐츠와 직접적으로 연관을 맺고 있는 것이며, 이 둘의 관계는 거의 중첩된다고 할 수 있다. 단, 통신 혹은 유통의 '망' 유무에 따른 구분에 의해 둘의 관계는 구별된다. 따라서 같은 게임이라 하더라도 이를 굳이 온라인과 디지털이라는 관계로 구분하자면, 네트워크 되지 않은 게임을 혼자 즐기게 된다면 이는 디지털 문화콘텐츠이다. 하지만 소셜 게임이나 머드 게임과 같이 '네트워크 되어' 즐기게 된다면 디지털 문화콘텐츠이면서 동시에 온라인 문화콘텐츠라 할 수 있겠다.

온라인 문화콘텐츠는 대중매체와 대중문화라는 관계 속에서 오랜 역사를 가지고 있는 문화콘텐츠이며, 그만큼 대중에게 가장 친숙한 영역이다. 그리고 일반적으로 문화콘텐츠를 논할 때 가장 많이 언급되기도 한다. 문화콘텐츠 기획의 관점에서 온라인 문화콘텐츠의 핵심은 '관계'에 대한 이해에 있다고 하겠다. 이는 네트워크라는 '망'에 대한 이해인데, 예전에는 일방적인 송수신이었기 때문에 이에 대한 문제가 그다지 중요하지 않았지만, 최근에는 뉴미디어와 이들이 네트워크 된 새로운 온라인 환경이 일반화되었기 때문에 수신자가 발신자가 되며 동시에 이들이 생산자가 되는 양상을 이해해야 함을 뜻한다. 따라서 변화되고 있는 미디어에 대한 이해도 매우 중요하며, 특히 온라인 문화콘텐츠는 아직까지 기존의 방송미디어 기술에 대한 의존도 역시 매우 높으므로 이에 대한 기술 및 제반 사항도 염두에 두어야 한다.

3) 오프라인 문화콘텐츠

오프라인 문화콘텐츠는 앞서 설명한 온라인 문화콘텐츠의 상대적인 개념이기도 하지만, 특히 현장성을 더욱 강조하는 문화콘텐츠라 할 수 있다. 발터 베냐민(Walter Benjamin)이 말한 '아우라(Aura)'까지는 아닐지라도 오프라인 문화콘텐츠는 사용자들이 콘텐츠와 '맞닿아' 이를 '실제로' 경험한다는 것이다. 따라서 흔히 생각하는 '미디어', 특히 TV 및 컴퓨터 등과 같은 '전자미디어'를 통해 콘텐츠를 제공받고 경험하는 것이 아니라, 이용자가 콘텐츠 안에 직접적으로 개입하고 '체험'한다. 이러한 관점에서 오프라인 문화콘텐츠는 역사적으로 볼 때 가장 오래된 문화콘텐츠 중 하나이다. 고대의 축제 그리고 이와 관련된 공연, 연극 등은 인류 역사에서 가장 오래된 유희 중 하나이다. 지금의 시점에서 오프라인 문화콘텐츠를 논할 때 대표적인 사례는 공연, 축제 외에도 박물관 및 전시회, 테마파크 그리고 투어리즘 등이 포함된다. 이들 문화콘텐츠 역시 미디어를 사용한다. 여기서의 미디어는 앞서 문화콘텐츠의 정의에 대해 설명한 부분에서 논의했지만, 확장된 개념으로서의 미디어이다. 즉 매개체로서의 개념에 충실한 미디어인데, 이용자는 건물, 구획된 공간 등을 통해 메시지를 얻고 체험을 하게 된다. 이러한 관점에서 이들을 '공간형 콘텐츠'라고도 한다. 또한 오프라인 문화콘텐츠는 기존의 익숙한 미디어도 활용하는데, 최근의 공연, 전시회 등에서는 영상미디어 혹은 뉴미디어 등을 활용하여 경험의 극대화를 가능케 한다. 따라서 이들 오프라인 콘텐츠를 논의할 때는 미디어에 대해 포괄적으로 접근할 필요가 있다.

또한 이들 콘텐츠는 현장성의 강화와 더불어 물리적으로 접촉이 가능하다는 측면에서 다중 감각을 활용하도록 기획되기도 한다. 이는 체험형 축제, 체험형 전시 등의 형태로서 익숙한 것이며, 테마파크는 라이딩(riding) 기구와 다양한 어트랙션 등을 통해 엔터테인먼트의 극대화를 제공한다. 최근 일부 제공되고 있는 가상현실 체험관이나 증강현실 기술을 활용한 콘텐츠에서는 이용자에게 다중 감각적 경험을 할 수 있도록 기획되고 있다.

이러한 논의에 비추어볼 때 오프라인 문화콘텐츠를 기획하는 데는 이용자의 '행동'을 고려하는 것이 중요하다. 즉 이용자는 일정한 테마 · 주제 및 목적을 가진 구획된 공간 안에서 직접 만지고, 보고, 듣는 등 '행동'을 하기 때문에 이러한 패턴을 기획에 반영하는 것이 중요하다. 따라서 이용자의 동선을 통해 이용자의 행동을 유추 및 유도하고 그에 따른 경험을 극대화할 수 있게 기획되어야 한다. 동시에 오프라인 콘텐츠에서도 이용자가 행동을 통해 콘텐츠에 몰입할 수 있도록 '스토리'가 필수적으로 존재하며, 이는 콘텐츠의 소재 및 테마와도 깊은 연관성을 가진다. 스토리는 이용자에게 행동의 동기를 제공하며, 그것을 직접 체험한다는 것은 경험의 방식 및 만족도와 연관된다. 또한 그러한 스토리는 각종 편의시설, 안내판 등과 같은 여러 시설, 그리고 관련 문화 상품, 음식, 서비스 등도 이와 연관하여 기획되어야 한다.

최근 오프라인 문화콘텐츠에 대한 관심은 각 지자체에서 축제, 박물관, 테마파크, 투어리즘 등을 통해 관광 산업의 일환으로서 점점 높아지고 있다. 하지만 실제 대부분의 축제는 천편일률적으로 비슷한 양상으로 진행되고 있으며, 진행 방식 역시 이용자의 편의를 고려하지 않아 외면되고 있는 사례들도 다수 발견된다. 이 또한 앞서 언급한 테마 · 주제에 따른 스토리의 중요성을 다시금 강조케 하는 상황이며, 오프라인 콘텐츠 기획자는 결국 그러한 스토리를 체화하는 미디어가 공간임을 인식할 필요가 있다. 한편 오프라인 콘텐츠는 일정 기간 동안 제공된다는 점에서 시의성 역시 매우 중요하며(테마파크는 예외가 될 수 있다), 실제 콘텐츠가 제공되고 있는 동안 진행을 위해 관련된 인력에 대한 배치 및 관리 등도 기획에서 필수적으로 고려되어야 할 사항이다.

4) 아날로그 문화콘텐츠

아날로그 문화콘텐츠는 이제는 매우 제한적인 형태로 제공된다. 디지털이라는 기술이 나오기 전까지 그 기술의 역사는 매우 오래되었지만, 최근에는 일부만이 이러한 범주에 들어가기 때문이다. 대표적인 사례로는 만화, 출판 등 인쇄미디어를 사용하는 콘텐츠이며, 기존의 방송콘텐츠 및 영화, 애니메이션 등이 포함된다. 하지만 방송콘텐츠는 앞서 언급한 바와 같이 뉴미디어의 발전을 통해 그 형태가 변모하고 있으며, 제작 기술 역시 디지털 기술의 사용이 보편화되고 있다. 그리고 영화와 애니메이션의 경우도 이와 같은 맥락이라 할 수 있다.

하지만 아날로그 문화콘텐츠는 여전히 중요하게 인식된다. 즉, 앞서 언급한 문화 산업의 특징인 'OSMU'의 관점에서 아날로그 문화콘텐츠가 그 '원천 소스'의 역할을 하기 때문이다. 그 대표적 사례는 해외의 〈해리포터〉 시리즈이다. 해리포터는 원작인 소설은 물론이고, 영화로도 큰 성공을 거두었고, 이제는 관련 테마파크도 조성 중에 있다고 한다. 만화의 경우도 우리나라의 〈둘리〉의 사례와 같이 원작의 성공에 힘입어 애니메이션, 캐릭터 등으로 그 활용이 확대되고 있다. 이외에도 〈반지의 제왕〉, 〈포켓몬〉 등과 같이 원천 소스 역할을 하는 수많은 아날로그 콘텐츠들이 있으며, 일본의 경우 문화 산업의 가치사슬에서 그 시작은 만화에 있다.

디지털 기술이 보편화되기 전에는 대부분의 문화콘텐츠가 아날로그 기술 기반이었지만, 이제는 이처럼 만화, 출판 등에 한정된다. 따라서 기획과 관련해서도 아날로그 문화콘텐츠라는 범주에서 설명한다면 이에 한정하여 다뤄질 수밖에 없다. 만화, 출판 등은 활용적인 측면에서는 그 범위가 매우 방대하지만, 이는 기획이라는 구체적이고 체계화된 과정이라기보다는 '작가주의'의 측면이 더욱 중요하다. 즉 단일 작품으로서, 그리고 이후에 활용될 수 있는 '시나리오'라는 관점에서 만화가, 작가 등이 창작하는 과정이기 때문에 다른 문화콘텐츠들과는 구별되는 속성이 뚜렷하다고 볼 수 있다.

하지만 만화가 아닌 다른 출판콘텐츠의 경우는 기획의 관점이 점점 커지고 있다. 물론 작가주의의 작품에서도 작가가 작품을 구상하는 과정을 기획이라 볼 수 있지만, 여기서의 기획은 좀 더 시장 친화적인 관점에서 생산 및 유통 그리고 소비 프로세스를 염두에 두고 있다. 다시 말해, 작품이라는 측면에서 보면 분명히 작가 중심적 입장이 존재하지만, 출판물이 판매되고 유통된다는 측면에서는 기획자의 역할이 명확히 존재하기 때문이다. 즉 같은 메시지를 담고 있는 책이라 해도 마케팅 및 홍보 방법에 따라, 그리고 책의 디자인 및 구성에 따라 그 성패는 달라질 수 있기 때문이다. 또한 최근에는 출판사에서 직접 아이디어를 내고 기획하여 작가를 섭외하는 책이 출판되기도 한다. 이러한 경우에는 다른 문화콘텐츠와 마찬가지로 철저한 시장조사와 트렌드 분석을 통해 이루어진다. 따라서 이러한 변화상과 맞물려 최근에는 출판에서도 기획의 중요성이 점점 증대되고 있다.

5) 디지털 문화콘텐츠

문화콘텐츠라는 용어가 탄생하게 된 배경은 디지털 기술과 디지털미디어가 담고 있는 콘텐츠의 확산 때문이라 해도 과언이 아니다. 디지털 문화콘텐츠의 외연은 점차 넓어지고 있으며, 이는 앞서 언급한 온라인 문화콘텐츠의 최근 변화상과도 일치하는 면이 많다. 이러한 관점에서 비추어보면, 온라인 문화콘텐츠와 디지털 문화콘텐츠는 따로 떼어 설명한다는 것이 의미가 없을지도 모른다. 현재의 디지털 문화콘텐츠는 대부분 온라인 문화콘텐츠이며, 그 반대도 마찬가지이다. 즉 게임, 방송콘텐츠, 영화, 애니메이션, 음악 등 대부분의 문화콘텐츠는 이제 온라인 문화콘텐츠이며 동시에 디지털 문화콘텐츠가 된다. 이에 더 나아가서 앞으로는 모든 문화콘텐츠가 디지털 문화콘텐츠의 형태가 되거나 적어도 디지털미디어 기술을 활용하게 될 것이다. 이러한 맥락에서 보면 이 절에서 논의하는 범주 중 하나인 '순수한' 디지털 문화콘텐츠는 그리 많지 않다. 온라인을 통하지 않는 디지털 문화콘텐츠를 굳이 언급하자면, 기존의 아케이드 게임, 이전의 콘솔 게임 정도이다. 혹은 CD나 DVD 등과 같은 매체에 담긴 음악이나 영화 정도라 할 수 있다. 따라서 이 절의 서두에서도 언급했듯이 각각의 범위는 점점 융합됨과 동시에 그 경계가 무너지고 있다.

이러한 상황을 전제로 하여 디지털 문화콘텐츠의 특성을 논의할 때, 가장 중요하게 언급될 수 있는 점은 상호작용성(interactivity)이다. 이는 아날로그 문화콘텐츠와 가장 분명한 차이를 만들어내는 디지털 문화콘텐츠의 특성인데, 미디어와 이용자, 콘텐츠와 이용자, 그리고 미디어와 미디어 사이에서 상호작용성은 다양하게 나타나며, 이것이 온라인을 통해 네트워크 될 경우에는 이용자와 이용자 사이에도 그 특성이 두드러진다. 소비자는 콘텐츠의 상호작용적인 특성을 통해 콘텐츠에 직접 참여하게 되고, 이로써 능동적인 사용자가 된다. 즉 아날로그 문화콘텐츠의 소비자가 수용자인 반면, 디지털 문화콘텐츠의 이용자는 사용자(user)가 된다. 상호작용적인 특성을 가진 디지털 문화콘텐츠는 기존의 아날로그 문화콘텐츠와는 다른 경험을 제공하게 되는데, 직접적인 참여를 통해 콘텐츠 내용을 조작하거나 통제하기도 한다. 따라서 전시회 혹은 박물관의 경우에도 디지털 기술과 미디어를 이용하여 '사이버 뮤지엄'으로 제작하게 되면, 사용자가 직접 원하는 행로를 선택하여 오브제들을 관람할 수 있으며, 이는 마치 게임과 같은 형태로 진행된다. 물론 전시회나 박물관이 상호작용적인 속성이 없다는 것은 아니다. 이들은 특히 공간에서 관람객의 신체적 행위(걷고, 방향을 바꾸고, 되돌아가고, 지나치고, 오래 응시하고 등)에 의해 콘텐츠를 경험한다는 점에서는 상호작용적 모습이 나타난다. 또한 모든 문화콘텐츠는 수용자와 심리적이고 정서적인 동일시를 유도한다는 점에서 상호작용적 특성을 가지고 있다. 하지만 여기에서 의미하는 상호작용은 사용자의 행동에 따라 해당 콘텐츠의 스토리가 변경되거나, 동일한 패턴의 행위가 나타나는 것이 아닌 다양한 경험을 가능케 하며, 동시에 특정한 인터페이스에 의해 사용자가 그러한 경험을 직접 결정하고 조작한다는 점에서 차이가 있다.

게임은 이러한 상호작용성이 두드러지는 디지털 문화콘텐츠의 가장 대표적인 사례이다. 이는 게임이 사용자의 참여, 즉 상호작용을 통해서만 경험을 획득할 수 있다는 특성이 있기 때문이다. 게임 자체도 물론 중요하지만, 최근의 경향으로 볼 때 대다수의 디지털 문화콘텐츠는 '게임화'되고 있다는 점이 더욱 중요하다. 즉, 사용자의 참여를 요청하며 이를 통해 사용자의 몰입을 극대화하는 과정에 중점을 둔다. 그리고 그러한 참여를 통해 사용자의 경험이 달리 나타난다. 이는 사용자가 메시지를 이야기로 인식한다는 점에서 볼 때, 기존의 아날로그 문화콘텐츠가 텍스트 및 메시지를 중시하는 '스토리' 기반이었다면, 디지털 문화콘텐츠에서는 이것이 사용자의 행동과 정보 획득 과정을 중시하는 '스토리텔링' 중심으로 바뀌게 된다는 점에서도 분명히 구별되는 특성이다.[6] 따라서 디지털 문화콘텐츠 기획에서 가장 중요한 점은 디지털 기술 및 미디어의 이해는 물론이며, 그 특성인 상호작용성을 염두에 두어야 한다. 그러므로 상호작용을 더욱 용이하게 할 수 있도록 인터페이스와 내비게이션의 적절한 기획과 선택이 무엇보다 중요하며, 동시에

〈표 1〉 문화콘텐츠의 유형

<table>
<tr><td rowspan="2" colspan="2"></td><td colspan="2">제작 및 기술 기반에 따른 구분</td></tr>
<tr><td>아날로그 문화콘텐츠</td><td>디지털 문화콘텐츠</td></tr>
<tr><td rowspan="2">유통 · 소비 및 경험의 주경로에 따른 구분</td><td>온라인 문화콘텐츠</td><td>기존의 방송콘텐츠 (드라마, 다큐멘터리, 예능 등)</td><td>온라인게임, 최근의 디지털 방송콘텐츠, 영화 · 애니메이션 등과 같은 영상콘텐츠. 디지털 음반, 사이버 뮤지엄, 전통문화 D/B, 웹 콘텐츠, 앱, VR, AR 콘텐츠 등</td></tr>
<tr><td>오프라인 문화콘텐츠</td><td>박물관, 전시회, 축제, 테마파크, 출판, 만화, LP 음반</td><td>아케이드 및 콘솔 게임, CD 음반</td></tr>
</table>

6) 스토리텔링과 상호작용성에 대해서는 이후에 다시 설명할 것이다.

온라인 문화콘텐츠에서 언급한 것과 마찬가지로 네트워크에 대한 이해도 필수이다.

이 절을 정리하면, 문화콘텐츠는 제작 기술 기반이 아날로그인가 혹은 디지털인가, 생산과 소비를 포함한 유통의 주경로가 온라인인가 오프라인인가에 따라 경험 방식에 차이가 드러난다는 것이다. 〈표 1〉은 이에 대해 자세히 설명한 것이다. 그럼에도 불구하고, 최근의 문화콘텐츠는 급변하는 미디어 기술과 그에 따른 다양한 생산과 소비의 맥락으로 인해 특정한 방식으로 유형화하기 어렵다는 점도 유념할 필요가 있다.

6) 영상 문화콘텐츠

영상 문화콘텐츠는 '시각'이라는 특정한 감각에 의해 경험되는 문화콘텐츠를 말한다. 이는 앞서 제시한 제작 및 기술 기반, 그리고 유통 · 소비 및 경험의 주경로라는 기준과 달리 감각에 의한 구분이라는 점에 비추어 차이가 있다. 하지만 이 절에서 영상 문화콘텐츠를 따로 설명하는 이유는 문화콘텐츠에서 영상이 차지하는 중요성 때문이다. 영상의 위상은 실로 현대사회 전반에 걸친다. 문화콘텐츠의 여러 영역 역시 대부분 영상 문화콘텐츠라 할 수 있다. 실제 영상과 관련이 없다고 여겨졌던 음악조차 뮤직비디오 등의 사례나 '보는 라디오' 등의 콘텐츠에서 알 수 있듯이 영상과 밀접한 연관성을 가진다.

이미 설명했지만, 문화콘텐츠와 미디어의 관계는 불가분인데, 영상 문화콘텐츠라는 개념은 영상을 표현 형식으로, 그리고 이를 구체화하기 위한 영상 미디어를 활용한다고 할 수 있다. 우선 매우 익숙한 영화, 방송콘텐츠, 애니메이션, 게임 등은 기존의 TV 같은 전자미디어 및 컴퓨터 같은 최근의 디지털미디어를 필요로 한다. 이들이 동영상 기반의 문화콘텐츠인 데 반해 만화, 사진 등과 같은 콘텐츠는 인쇄미디어, 전자미디어, 뉴미디어 등 필요에 따른 미디어의 선택이 있을 수 있지만, 정지영상 기반이라 할 수 있다. 한편 전시회, 박물관, 공연, 축제, 테마파크 등에서의 영상의 의미는 다소 보조적으로 인식되기도 한다. 하지만 최근 들어 공간형 콘텐츠에 대한 이해의 양상도 바뀌고 있는 것이 일반적이다. 즉 최근에는 이들 공간형 콘텐츠의 경험을 극대화하기 위해 영상미디어를 활용하며, 그에 따른 부가적인 영상 문화콘텐츠들이 기획 및 제작되고 있다. 물론 (영상)문화 연구적 측면[7]에서 볼 때는 전시회, 박물관, 공연, 축제, 테마파크 등 또한 영상 문화콘텐츠의 중요한 영역이지만, 대체로 영상 문화콘텐츠를 언급할 때는 영상미디어를 수반한 콘텐츠들로 인식하는 것이 일반적이다.

따라서 영상 문화콘텐츠라는 개념을 이해하기 위해서는 영상미디어에 대한 이해가 필수이다. 이는 카메라를 통한 촬영, 이후의 편집 등은 물론이며, 다양한 그래픽의 활용에 대한 이해도 필요하다. 특히 영

7) 영상 문화 연구(Visual Culture Studies)는 문화 연구(Cultural Studies)와 인식론적 · 방법론적 측면에서 공유되는 바 있지만, 최근에는 문화 연구에서 분리되어 독립적인 영역으로서 그 논의가 활발히 진행 중에 있다. 이미 미국, 영국, 일본 등에서는 그 학문적 성과 및 논의의 수준이 매우 두터우며, 특히 철학, 미학, 영화학, 미술사, 디자인학, 건축학, 미디어 연구 등 다양한 영역과의 학제적 연구를 통한 이론 및 방법론의 수용을 통해 분과학문으로서 그 형태를 만들어가고 있다.

상 언어 문법이라는 관점에서 미장센이나 몽타주 같은 개념들도 수반된다. 또한 이러한 미디어 기술과 연관하여 정지영상의 기술적 언어나 기법은 동영상의 모태이기 때문에 실제 영상 문화콘텐츠의 기획과 제작에서도 정지영상에 대한 중요성은 여전히 강조된다. 마지막으로, 최근 들어 '영상'이라는 개념 자체에 변화가 있다는 점에 대해서도 인식해야 한다. 영상을 중심으로 한 다른 감각들을 활용하여 다양한 체험을 가능케 하는 가상현실이나 증강현실 혹은 4D 등과 같은 '영상의 확장'은 뉴미디어 시대의 새로운 영상 문화콘텐츠의 경험이라는 측면에서 주목해야 한다.

3
문화콘텐츠 기획의 환경

1) 예술과 대중문화 그리고 문화의 소비

문화콘텐츠 기획의 논의에서 가장 중요한 전제 중 하나는 사회를 구성하는 여러 요소 중 문화가 대두되고 있으며, 그에 따른 새로운 유형의 소비자가 등장하고 있다는 점이다. 이와 관련하여 우선 문화를 언급할 때 일반적으로 떠올리게 되는 개념은 '예술(art)'이라는 점에 주목할 필요가 있다. 또한 최근의 문화 소비 또한 예술에 대한 대중화, 그리고 소비와 연관지어 살펴볼 수 있다는 점도 고려되어야 한다.

예술은 문화를 한정적으로 지칭하는 전통적이면서도 엘리트주의적인 개념이다. 예술은 문화 중에서도 '고급문화'로 인식되며, 여기에는 클래식 음악, 무용 및 발레, 조각, 회화, 오페라 등이 언급된다. 그간 예술은 '대중적'이지 않은 작가만의 고귀한 감수성과 능력, 그리고 특별한 세계관이 집약된 '특별한 문화'로서 미적인 가치가 있는 것으로 인식되었다.

(1) '고안된' 예술(invented art)

하지만 이러한 예술에 대한 인식은 사실 그리 오래된 것이 아니다. 예술이 특별한 방식으로 이해되었다는 것은 여러 학자가 논의한 바 있는데, 그 시원에 대해 폴 디마지오(Paul DiMaggio)는 1850년부터 1900년 사이에 비영리 사설 문화 기관들이 다수 설립되면서 영리를 추구하는 문화 산업과 그렇지 않은 예술이 구분되었다고 주장한다(DiMaggio, 1982). 또한 로렌스 러바인(Lawrence W. Levine)에 따르면, 셰익스피어도 그 전에는 대중적이었는데 19세기 후반에 들어와 이것이 소수를 위한 교육과 계몽의 대상이 되었다고 논의한다(Levine, 1988). 이와 비슷한 맥락에서, 현대사회에서 고급 예술의 범주에서 논의되고 있는 오페라 또한 19세기 이전에는 일반 대중이 공유하는 일상 문화의 한 영역이었다. 하지만 19세기에 들어와 미국의 엘리트 그룹이 오페라를 대중으로부터 분리하기 위해 오페라 전용 극장을 만들고, 그 공간에서 관람객이 갖추어야 할 규범을 규정했으며, 그에 따른 오페라 비평과 연구를 진행했다(McConachie, 1988). 결국 예술이란 근현대에 들어와 도시 주류 세력으로 성장하게 된 노동자 및 대중에 대해 위기감을 느낀 자본가, 일부 지식층 등이 대중과 다른 자신들만의 문화를 규정지음으로써 그들과 구별하기 위한 수단으로서 문화 개념을 활용하고, 그에 따라 예술이라는 개념을 '고안한 것'이라 할 수 있다. 이는 앞서 언급한 부르디외의 문화 자본 개념과 연관된다. 즉, 예술은 계급을 구분 짓기 위한 고급 취향의 가진 사람들의 특별한 문화로 이해되었다.

(2) 예술 개념의 해체

중요한 것은 매우 견고했던 이러한 예술 개념이 이제는 점점 허물어지고 있다는 점이다. 이는 앞서 언급한 문화콘텐츠, 문화 산업 등의 확산 및 발전으로 인한 대중문화가 문화의 중심에 놓인 시대가 되었기 때문이다. '중심'이라는 단어가 불러일으킬 수 있는 논란은 있겠지만, 분명한 것은 지금의 사회는 미디어의 영향력이 지대하며 이러한 미디어는 필수적으로 대중문화와 상생하고 있다는 점이다. 이러한 시대의 조류와 더불어 예술 또한 '대중적'으로 변모하게 되었다. 여기서 대중적이라 함은 반드시 통속적이거나 인기 영합주의적인 모습만을 의미하지 않는다. 예술과 대중성의 만남은 문화의 본질이라 할 수 있는 커뮤니케이션 확대의 관점에서 볼 수 있다. 다시 말해, 이는 예술이 더 이상 특별한 사람들의 전유물이 아니며, 누구나 즐길 수 있는 여러 문화 중 하나라는 인식과 연관된다. 이러한 관점에 비추어, 최근의 예술(계)은 대중과의 소통 및 조우를 중시하며 그에 따른 예술의 본래적 가치인 '미의 정수'를 보편적으로 알리고 보급하기 위해 노력하고 있다.

실제로 최근에는 예술과 대중문화가 융합되는 퓨전 · 하이브리드 문화 혹은 예술 작품이 패션, 가전제품, 화장품, 식료품 브랜드와 공동

작업의 결과물로 재탄생하는 컬래버레이션(collaboration)의 사례들도 다수 생산 및 소비되고 있다. 또한 국악과 대중음악, 발레와 비보이가 조우하거나 백화점 및 지하철역에서 클래식 음악이 공연되거나 미술 작품 전시회를 개최하는 등의 사례도 자주 접할 수 있다. 따라서 예술과 대중문화의 구별은 이제 진부한 논의가 되고 있으며, 이제 주목해야 할 점은 다양한 문화를 즐기는 새로운 소비자의 욕구를 어떻게 충족시켜 줄 수 있겠는가 하는 것이다.

(3) 문화 소비 욕구와 유형

물론 이러한 소비자 또한 그들의 다양한 여건, 즉 성별, 연령, 건강 상태, 지적 수준 및 학력, 경제적 수준 그리고 개성 등 여러 요인에 따라 구분될 수 있으며, 그에 따른 욕구 또한 상이하게 나타난다. 콜브(Bonita M. Kolb) 같은 학자는 이러한 다양한 소비자를 다섯 가지 유형으로 구분하여 설명하고 있다. 그는 기존의 매체 사용 모델인 '소비자, 애호가, 열광자, 광신자, 소극적인 생산자' 개념을 활용하여 문화 소비자의 유형을 제시하고 있다. 그가 제시한 모델은 미술 전시 관객의 관여도 단계에 따른 문화 소비자의 유형이다.

우선 가장 관여도가 낮은 단계인 일반적인 '문화 소비자'는 휴일에 전시회를 방문하는 수준이다. 그다음 단계인 '문화 애호가'는 특정한 화가(고흐, 르누아르, 피카소 등)의 전시를 찾아 관람한다. '문화 열광자'가 되면 지역의 갤러리 등에 회원으로 등록하고, 자신이 관심 있는 화가 및 작품 사조 등에 관한 프로그램에 참여하게 된다. 이에 더 나아가 '문화 광신자'가 되면 인상주의, 입체파, 표현주의 등의 사조에 대해 연구하고 해당 작품들을 관람할 수 있는 전시회나 갤러리를 방문하게 된다. 그리고 마지막 단계인 '소극적 문화 생산자'가 되면 작품을 수집하거나 직접 작품을 제작하기도 한다(Kolb, 2000, p. 76). 콜브의 이러한 문화 소비자 유형은 비단 박물관 및 갤러리 등에만 적용되는 것이 아니다. 영화, 게임, 방송콘텐츠 등뿐 아니라 축제, 공연 등 다양한 영역에서 이와 유사한 소비자가 존재한다. 각 영역별로 문화를 소비하는 유형들이 달리 나타나기 때문이다. 그리고 이러한 다양한 유형의 소비자는 문화 생태계를 구성하는 문화 주체들이며, 이들에 의해 문화의 생산과 소비가 순환된다. 또한 이러한 단계의 구분은 특정한 단계에 대한 지향점이 있어야 한다는 것이 아니라 현재의 다양한 문화 소비자가 상존하고 있음을 인식하는 자체가 중요한 것이라 할 수 있다.

결국 문화콘텐츠 기획은 다양한 문화적 융합 및 공존이라는 문화적 양식의 변화상을 인식함과 동시에 상이하게 존재하고 있는 각각의 문화 소비자에 대한 이해에서 시작될 수 있다. 다시 말해, 문화의 보편화라는 말 자체가 무색할 정도로 이제 문화는 일상에서 중요한 영역이 되었으며, 이와 동시에 최근에는 특수하거나 특정한 문화 또한 계속해서 생산되고 있고, 그에 따른 소비자의 욕구 또한 다양하다는 것이 지금의 문화콘텐츠 기획의 환경이라고 볼 수 있다.

2) 문화콘텐츠 기획과 스토리텔링

문화콘텐츠 혹은 문화 산업에 대한 논의에서 '스토리텔링'이라는 용어는 이제 진부할 정도이다. 이는 스토리텔링이 그만큼 문화콘텐츠의 가치와 그것의 생산 및 소비 방식을 결정지을 정도로 중요한 역할을 한다는 것을 의미한다. 스토리텔링(storytelling)은 '이야기'를 뜻하는 'story'와 '말하기'를 뜻하는 'telling'의 합성어이다. 단어의 일차적 의미만 보면 '이야기하기'이지만, 실제로 이 용어의 개념은 조금 더 복잡하다.

우선 스토리는 해당 문화콘텐츠의 '이야기'이다. 문화콘텐츠 기획의 모든 결과물은 이야기를 가진다. 영화, 방송콘텐츠 등 영상콘텐츠는 물론이고, 축제, 박물관, 테마파크, 게임 등의 모든 문화콘텐츠는 각각의 이야기를 가지고 있으며, 이를 통해 대중이 해당 콘텐츠를 소비한다. 물론 그러한 이야기는 표면적으로 혹은 명시적으로 드러나는 경우도 있지만, 그렇지 않고 해당 콘텐츠를 경험한 후 이를 상기할 때 이야기로서 인식되는 것들도 있다. 이야기는 콘텐츠의 내용이자, 테마 혹은 의미이다. 다시 말해, 이는 기승전결(起承轉結) 같은 이야기의 흐름, 주인공의 행동 경로 등과 같은 통합체나 대립 구조 및 다양한 갈등 양상을 의미하는 계열체와 같은 서사 구조로서의 이야기를 의미하는 것이지만, 좀 더 포괄적으로 콘텐츠의 메시지를 의미하기도 한다.

이러한 이야기는 특별한 방식으로 '말해진다'. 즉, 다양한 방식을 통해 'telling'되는 것이다. 가장 오래된 이야기의 'telling' 방식은 구술언어였다. 오래전부터 이야기는 구술을 통해 전파되고 전승되었다. 하지만 이후 문자의 발명과 더불어 그것을 더욱 오랫동안 저장하고 쉽게 전달하기 위해 인쇄 · 출판미디어를 통해 이야기가 'telling'되었다. 최근에는 영상미디어 그리고 최근의 뉴미디어의 보편화로 이야기는 다양하게 'telling'되고 있다.

여기서 중요한 문제는 'telling'의 방법을 어떻게 하는가에 따라 동일한 이야기라도 그 경험의 방식은 달라질 수 있다는 점에 있다. 이는 앞서 언급한 문화 산업의 다양한 창구 효과 및 'OSMU'와 연관되는 논의이다. 특히 최근의 뉴미디어는 단지 시각이나 청각 등의 감각에만 소구하는 것이 아니라, 촉각 등도 활용하여 다중 감각적인 경험을 제공하고 있다. 이러한 관점에서 보면 스토리에서 스토리텔링 개념으로 넘어오게 되면서 기존의 전통적인 '독자' 개념 또한 변하고 있음을 알 수 있다. 즉 기존의 책 소비자는 '독자'였지만, 연극 혹은 영화 등의 독자는 '관객'이며, TV 같은 영상미디어의 독자는 '시청자' 혹은 '수용자'였으나, 이제 게임이나 인터넷 등과 같은 뉴미디어의 독자는 '유저(user)', '사용자'로 불리고 있기 때문이다.

이와 더불어, 뉴미디어의 이야기는 언제나 '과정' 중에 있다는 점도 인식할 필요가 있다. 인쇄 · 출판미디어나 기존의 영상미디어에서 '말하는 사람'은 소수로 정해져 있었으며, 청자가 그것에 대해 피드백하는 것은 제한되었다. 하지만 이제 화자와 청자는 분리되지 않으며, 그것은 실시간으로 끊임없이 '대화'하는 방식으로 변하고 있기 때문에 스토리는 과거형이 아니라 현재진행형이라는 것이다.

따라서 문화콘텐츠 기획의 관점에서 스토리텔링 개념의 가치는 크게 두 가지 측면에서 논의될 수 있다. 첫째는 사람들이 어떤 현상이나 대상 등에 대해 이야기로 인지하고 경험한다는 것으로 인식하는 것이 중요하다. 서사학(narratology)의 관점에서 보면 모든 문화는 서사(narrative)로서 이해될 수 있다. 따라서 문화콘텐츠를 포함한 모든 문화 기획, 그리고 이와 직간접적으로 관련된 영역들〔브랜드, 정치(선거), 공간 기획, 홈쇼핑, 디자인 등〕은 '이야기'될 수 있어야 하며, '이야기'를 통해 메시지를 전달하는 데 효과적임을 인식해야 한다. 즉, 모든 소재에서 어떻게 '이야기'를 끌어내는가가 문화콘텐츠 기획의 관건 중 하나이다.

두 번째는 문화콘텐츠를 기획하기 위해서는 미디어에 대한 이해가 필수이다. 모든 이야기는 반드시 미디어를 통해야만 전달될 수 있으며, 동시에 미디어의 특성에 따라 이야기의 경험 방식은 달라질 수 있기 때문이다. 특히 최근의 뉴미디어와 미디어로서의 '공간'은 기존의 인쇄·출판미디어 및 영상미디어와 같이 단지 이야기가 일방적으로 혹은 선형적으로 전달되는 것이 아니라 사용자의 행위(action)와 행동(behavior)에 따라 이야기의 경험 방식이 다양하게 나타날 수 있다는 점에서 상호작용성(interactivity)이 강조된다. 이는 앞서 언급한 이야기의 경험이 '과정' 중에 있음 혹은 현재진행형임을 의미한다.

특히 게임, 모바일 콘텐츠 등과 같은 뉴미디어를 활용하는 콘텐츠나 박물관, 전시회, 축제, 테마파크 등과 같은 공간을 활용하는 콘텐츠는 반드시 이야기 경험 및 소비 방식에 사용자의 '행위와 행동'에 대한 고려가 필요하다. 사용자의 행위와 행동은 콘텐츠와 사용자 혹은 사용자와 사용자 간에 나타나는 상호작용에 다름 아니며, 이 부분을 어떻게 기획하느냐에 따라 이야기의 경험이 달라지기 때문이다. 다시 말해, 이들 콘텐츠에서 스토리텔링에 대한 고민의 지점은 사용자의 행동을 염두에 둔 상호작용성의 기획과 연관된다. 즉 스토리가 저자 중심으로 독자를 상정했다면, 스토리텔링은 다양한 미디어의 활용과 미디어 시장인 산업적 영역의 독자, 그리고 그들의 개인적이고 사회적인 요구를 중심에 둔다는 점에서 다른 것이다.

결국 콘텐츠에 따라 스토리텔링의 방법과 그 적용 수준은 차이가 있을지라도 이는 문화를 기획하는 일종의 방법론이다. 따라서 스토리텔링은 소재 선택과 가공, 미디어에 대한 적용, 그리고 마케팅 과정에 이르기까지 문화콘텐츠 기획 전반에 관여하는 전략으로서 이해될 필요가 있다.

3) 문화콘텐츠 기획의 전제와 범주

문화콘텐츠 기획은 '기획'의 범위를 어떻게 설정하느냐에 따라 그 의미가 달라진다. 기획이란 '일을 꾀하여 계획한다'라는 사전적 정의를 가지고 있다. 이러한 광의의 기획 개념에는 협의의 개념으로서 구체적인 일에 대해 그 과정을 생각하고 현실적인 방안들을 통해 설계하는 '기획'과 그 일과 조직을 관리하는 '경영', 그리고 해당 결과물과 기업을 홍보하고 판매를 촉진하는 '마케팅' 개념을 포함한다. 물론 이들 각 개념 또한 어떻게 정의하느냐에 따라 각각의 개념을 포함하기도 하고 더욱 넓은 개념으로 활용되기도 한다. 하지만 기획은 그간 존재하지 않았던 일을 시작한다는 의미가 포함되기 때문에 이들 각각의 개념보다 선행되는 개념이다.

(1) 문화콘텐츠 기획의 의미

문화콘텐츠 기획이라 함은 그 일이 문화를 가지고 무엇을 한다는 것과 연관된다. 여기에는 두 가지 의미가 포함된다. 즉, '결과물로서 문화콘텐츠를 기획'하는 것과 '문화를 활용한 기획'으로서의 문화콘텐츠 기획이다. 사실 이 둘은 문화를 통해 기획한다는 점에서 보면 공통된다. '결과물로서 문화콘텐츠를 기획'하는 것은 문화를 소재로 삼아 또 다른 문화적 생산물인 문화콘텐츠를 파생한다는 점에서 앞서 언급한 문화콘텐츠, 문화 산업과 연관되지만, '문화를 활용한 기획'의 경우는 제조업 등의 분야에서도 활용될 수 있는 것이기 때문에 이 둘은 다른 관점에서 살펴볼 필요가 있다.

'문화를 활용한 기획'의 대표적인 사례가 '문화 마케팅'이다. 즉 제조업, 유통업, 건설업, 패션업 등 문화 산업 분야가 아닌 다른 분야에서 자신들의 기업 홍보나 상품 판매 촉진을 위해 문화를 활용하는 '문화 마케팅'은 엄밀히 말해 '결과물로서 문화를 기획'하는 것과는 구별되는 영역이기 때문이다. '결과물로서 문화콘텐츠를 기획'하는 것은 문화 자체가 소재이며, 이를 통해 경험재로서 또 다른 문화 혹은 문화콘텐츠 같은 문화와 관련된 상품을 생산하며, 이에 대한 마케팅으로서 '문화콘텐츠 마케팅' 과정이 포함된다. 하지만 제조업 등에서 활용하는 '문화 마케팅' 등과 같은 경우는 애초에 그 결과 및 효과에 대한 염두가 기업의 브랜드 이미지 강화나 해당 영역의 영업이익의 촉진이나 새로운 부가가치 창출에 있다는 점에서 차이가 드러난다.

문화콘텐츠 경영도 이와 마찬가지 맥락인데, 문화 산업이 아닌 기업들에서 기존의 기업 조직과 관리에서 벗어나 새로운 방안으로서 문화를 활용하는 경우가 있기 때문이다. 즉 특별한 문화적 가치를 통해 자신들만의 기업 윤리, 비전, 경영 방침 등을 제시하고 이를 해당 기업만의 문화 경영이라는 관점으로 적용하는 사례가 그것이다. 그리고 이 과정에서 문화 마케팅이 활용되기도 한다. 따라서 문화 경영은 결과물로서 문화콘텐츠를 염두에 두고 이와 관련된 제반 사항을 관리하고 집행하는 문화콘텐츠 경영과 분명히 다른 의미이다.

그럼에도 불구하고 이러한 영역들이 '결과물로서 문화콘텐츠를 기획'하는 과정과 일부 유사한 부분이 있으며, 특히 문화를 활용한다는 점에서 그러하다. 하지만 이러한 두 가지 사례에서 문화가 의미하는 바는 수단으로서 문화를 활용하는 것일 뿐 결과물 혹은 생산물로서 문화콘텐츠를 염두에 두는 것은 아니다.

결국 문화콘텐츠 기획이라 함은 문화콘텐츠, 문화 산업 분야에서 다루고 있는 문화적 재화를 생산하고, 해당 분야의 조직을 관리하여 커뮤니케이션 방안을 수립하는 일, 그리고 경험재로서 문화를 판매 및 유통함과 동시에 그것을 촉진하는 일련의 과정을 의미한다.

참고문헌

권오성 외(2007). 《아시아문화개발원 설립 운영에 관한 연구》. 문화관광부.

심승구(2005). 〈한국 술문화의 원형과 콘텐츠화〉, 《인문콘텐츠학회 학술 심포지엄 발표자료집》. 53-76쪽.

최연구(2006). 《문화콘텐츠란 무엇인가》. 서울: 살림지식총서.

태지호(2014). 《공간형 콘텐츠》. 서울: 커뮤니케이션북스.

Dimaggio, P. (1982). Cultural entrepreneurship in nineteenth-century Boston: the creation of an organizational base for high culture in America. *Media, Culture and Society. Vol. 4*. pp. 33-50.

Kolb, B. M. (2000). *Marketing cultural organisations*. 이보아 외 역(2004). 《문화예술기관의 마케팅》. 파주: 김영사.

Levine, L. W. (1988). *Highbrow/Lowbrow: The Emergence of Cultural Hierarchy in America*. Cambridge, MA: Harvard University Press.

McConachie, B. A. (1988). New York Opera-Going, 1825-50: Creating an Elite Social Ritural. *American Music. Vol. 6*. pp. 181-192.

II

문화콘텐츠
기획

1
기획이란 무엇인가

1) 기획의 정의

기획(企劃)이란 사전적 의미로 '일을 꾀하여 계획한다'는 것이다. 기획과 유사한 개념은 계획이다. 그렇다면 계획(計劃)이란 무엇일까. 계획은 앞으로 할 일의 절차, 방법, 규모 따위를 미리 헤아려 작정하거나 또는 그 내용을 일컫는다. 이러한 사전적 의미로 보면 기획은 계획을 포괄하는 개념이라 할 수 있다. 따라서 계획은 기획의 수단이 됨과 동시에 기획의 세부적인 방안이다. 또한 기획이 더 넓은 차원에서 전략을 수립하며 방향성을 제시하는 것이라면, 계획은 이와 관련된 전술적 차원의 논의를 제시하는 것을 의미한다.

기획과 연관하여 자주 접하게 되는 개념이 제안이다. 흔히 기획서와 제안서는 혼용되기도 하는데, 기획서의 대부분은 어떠한 일이나 작업 · 과업에 대하여 제안하는 경우가 많기 때문이다. 다시 말해, 기획과 제안 모두 없었던 일을 꾀하거나 얼개를 짜는 것을 의미한다.

제안을 담은 문서를 '제안서(proposal)'라 한다. 그리고 제안서는 '제안 요청서(request for proposal)'라는 선행 문서를 수반하기도 한다. 제안 요청서는 말 그대로 '제안을 요청하는 문서'이다. 즉, 어떤 과업을 할 것을 지시하거나 요청하는 문서가 제안 요청서이다. 이러한 제안과 제안 요청과의 관계에 따라 제안서의 유형을 크게 네 가지로 구분할 수 있는데, 이는 제안자, 즉 기획자가 취해야 할 행동 역점과 연관된다(西田徹, 2003, p. 32)

〈표 2〉 제안의 유형

		고객(client, 간부, 상사, 공공기관, 발주처 등)	
		이미 문제점 파악	아직 문제점 모름
제안자 (사업체, 부하직원, 회사, 제안사, 수주처 등)	이미 문제점 파악	*행동 중시형 - 양쪽이 논점을 반드시 합의한다. - 신속한 예산과 인력 투입이 강조된다. - 견적서 중심 - 재난 · 재해 복구, 급격하고 갑작스러운 영업이익 감소 대책 제안	*제안형 - 제안하는 측은 제안의 목표와 결과에 대해 분명히 파악하고 있다. - 상호 간의 이해와 신뢰 형성이 중요하다. - 기술 제안서 중심 - 조직 내부에서 부하직원의 제안서
	아직 문제점 모름	*과제 획득형 - 클라이언트 측은 제안의 목적과 결과에 대해 예측하고 있으며, 어느 정도 파악하고 있다. - 제안자로부터 새로운 의견을 요구한다. - 제안자의 의향과 진의 확인이 중요하다. - 제안 요청서가 선행되는 제안서	*[illegible] - 미지의 영역에 대한 도전을 통한 상호 협력 관계 구축 - 가설 구축과 검증 - 장기적 발전 방향 제안서, 신규 사업 제안서

일, 작업을 행한다는 차원에서 보면 모든 사업에서 기획과 계획은 필수이며, 이는 일의 시작과 마지막 혹은 그다음 일을 시작하는 일련의 과정도 포함된다. 이러한 의미로 볼 때, 기획이란 일 혹은 작업의 문제를 해결하는 것, 새로운 일 혹은 작업을 만드는 것이라 할 수 있다. 따라서 기획은 이를 통해 상대방[클라이언트(client), 소비자, 직장 상사, 제안 요청자]을 변화시키는 것이 목적이자 역할이라 할 수 있겠다.

이러한 관점에서 보면, 문화콘텐츠 기획론의 관점에서 기획은 시장의 수요와 생산자의 공급을 연결하는 매개자인 동시에 문화적 소재가 갖고 있는 가치를 구체화하고 현실화하여 대중의 요구에 부응하는 새로운 상품으로서의 콘텐츠를 개발하는 과정이라고 볼 수 있다. 기획의 영역은 문화콘텐츠의 생산과 유통 및 소비 등 모든 과정에 관여하고 있으며, 특히 생산자와 소비자를 매개하는 과정이다. 이는 바꾸어 말하면, 아직 시장성이나 대중성이 확보되지 않은 문화적 소재를 발굴하여 인지적 차원에서 제공되는 새로운 경험적 가치를 창조하고 이를 둘러싸고 있는 다양한 주체 간의 관계를 새롭게 설정하고 관리하는 일련의 커뮤니케이션 과정을 뜻한다.

기획과 기획 내용을 담아놓은 기획서는 어떠한 분야에서도 중요하지만, 무엇보다 문화콘텐츠 분야에서는 특히 강조된다. 이는 문화콘텐츠의 재화적 속성이 무형적이기 때문이다. 즉 거듭 강조하지만, 문화콘텐츠는 인지적이고 경험적인 관점에서만 소비가 가능한 재화이다. 제조업 등과 같은 다른 분야에서는 시장의 동향이나 소비자의 요구를 파악하기 위해 일종의 시제품을 제작할 수 있지만, 문화콘텐츠는 재화적 특성상 그것이 불가능하다. 따라서 이러한 재화적 속성에 기인하여 인력 및 자본의 손실을 줄이고 시장에서 성공할 수 있는 콘텐츠를 내놓기 위해서는 무엇보다 콘텐츠 제작 및 출시 전의 과정인 기획이 중요하다.

2) 전략적 기획

앞서 기획의 정의에 대해 언급했는데, 그러한 의미로 보면 기획이란 이 책에서 논의하고 있는 문화콘텐츠 기획의 관점에만 한정되는 영역은 아니다. 업무의 효율성 및 체계화, 그리고 그에 따른 결과물에 대한 가치를 부여하기 위해 현대사회에서 기획은 필수인 영역이다. 따라서 기획은 영리적 사업 부문은 물론이며, 공공적인 업무, 교육, 사적인 작업 등 모든 부문에서 중요하게 인식되고 있다. 이렇게 보면, 기획이란 작업의 능률, 효과, 평가, 성패 등과 연관하여 전략적으로 진행되는 작업이다.

일반적으로, 전략이란 정치적 · 경제적 · 사회적 활동을 하는 데 있어서 이루어 나가고 꾸미는 방법을 말한다. 이는 항상 전술을 포함하게 되는데, 이 전술이 실질적인 기획 과정들이며, 이것이 곧 기획의 세부 내용이기도 하다. 쉽게 말해, '어린이들을 위한 과학 축제를 개최한다'는 목표가 있다면, 그에 대한 전략은 '체험형 축제를 통해 어린이들의 참여와 몰입도를 높이고, 그에 따른 교육적 효과를 극대화한다'가 될 수 있으며, 전술은 '터치스크린을 통한 과학 영상 체험', '게임을 통한 생활 속 과학 체험하기', '엄마, 아빠와 함께 발명품 만들기' 등이 될 수 있다. 따라서 전략적 기획이란 세부적인 전술들을 통해 애초에 상정한 기획의 목적을 극대화하기 위한 실질적 수단을 의미한다.

(1) 전략적 기획의 3C

전략적 기획은 3C를 전제로 하여 진행되어야 한다. 이는 경영 컨설턴트의 대가인 일본의 오마에 겐이치(大前研一)가 제시한 일종의 경쟁 전략 매트릭스로, Customer(고객), Competitor(경쟁사), Company(자사)를 말한다.

우선 Customer(고객)의 강조점은 타깃층에 대한 분석이다. 이는 시장과 소비자의 관점에서 논의될 수 있는데, 시장을 세분화함으로써 자사의 활동 범위를 세분화하고 목표를 분명히 설정하며, 그에 따른 소비자의 니즈(needs)를 정확히 파악해야 함을 강조한다. 앞서 언급한 '어린이들을 위한 과학 축제 개최'에서 고객은 분명히 어린이이다. 즉, 어린이들의 니즈가 무엇인지를 파악하는 것이 가장 우선적으로 고려되어야 할 사항이다. 하지만 어린이가 단독으로 축제를 관람하고 체험한다는 것이 현실적으로 어렵다는 것을 가정할 때, 어린이들과 대동하는 부모나 교사들에 대한 니즈도 분석되어야 한다. 즉, 해당 체험의 주체가 어린이일지라도 부수적으로 그들과 함께 참여하는 주체들이 원하는 부분이 무엇인지를 파악해야 한다. 이러한 문제를 종합하면, 고객에 대한 문제의 논의에서는 '누가 우리의 고객인가?', '고객의 성향은 어떠한가?', '고객이 관심을 갖는 지점은 무엇인가?', '고객은 외부적 환경에 어떻게 반응하는가?' 등이 고려되어야 한다. 특히 문화와 연관하여 소비자의 니즈는 이성적이고 논리적인 차원에서만 접근할 수 없다는 점을 인식할 필요가 있다. 문화는 감성과 감정적인 차원의 요구를 수반한다는 사실을 놓쳐서는 안 되며, 고정불변한 일반화된 원칙이 존재하지도 않기 때문이다.

Competitor(경쟁사)의 관점은 전략 수립 시 모든 경쟁사와의 가치사슬을 비교하고, 이를 통해 차별성 확보를 강조하는 것이다. 즉 자사는 경쟁사와의 관계에서 기술, 제품 및 서비스, 그리고 유통망 및 가격 등 일련의 경영 자원과 마케팅 활동에서 경쟁우위를 확보함으로써 목표를 달성해야 한다. 어린이들을 위한 과학 축제는 이미 여러 가지 형태로 유사한 사례가 있을 것이며, 축제 형태가 아니더라도 박물관, 테마파크 등과 같은 형태로 성공한 사례가 선행할 수도 있다. 이들은 해당 타깃을 유치한다는 점에서 경쟁사이다. 따라서 이들과의 차별화를 통해 주 타깃을 유치해야 한다. 이를 위해 경쟁사 및 경쟁 제품에 대한 콘셉트(concept), 로고 및 네이밍 등과 같은 CI(corporate identity), 실제 콘텐츠의 요소와 서비스(contentsware), 경쟁사가 확보하고 있는 주요 고객층[고객 D/B(customization)], 매체 및 홍보 전략(communication), 제휴 전략(connection), 경쟁사 고객(간)의 활동(community) 등과 같은 7C가 분석되어야 한다.

Company(자사)에 대한 전략은 내부의 핵심 전략과 비핵심 전략을 명확히 설정하는 것을 의미한다. 이는 자사의 자본, 기술, 인력, 네트워크, 경험 등 일련의 자원을 파악하여 제품의 구상과 시장 진입, 그리고 경쟁사에 대한 대처 방안을 수립해야 한다는 것이다. 실제로 아무리 아이디어가 좋아도, 혹은 경쟁사에 대한 분석이 명확히 이루어졌다고 할

지라도 자사가 그것을 실행할 능력이 안 된다면 본격적인 기획이 이루어질 수 없다. 앞선 사례에서 자사가 축제를 기획한 경험이 없거나 혹은 축제 중에서도 어린이들을 대상으로 한 축제 진행 경험이 없다면 해당 내용에 대한 이해가 부족할 수도 있다. 따라서 자사에 대한 분석은 현재 자신들에 대한 냉철한 여건 파악이며, 이것이 선행될 때 고객과 경쟁사에 대한 논의로 이어질 수 있다. 한마디로 말해, 경쟁사와 자사에 대한 전략의 문제는 지피지기백전불태(知彼知己百戰不殆)의 관점이며, 고객에 대한 전략의 문제는 그러한 과정 속에서의 실질적 목표로서 전략 수립을 뜻한다.

이러한 3C에 Co-operator(협력자)를 추가하여 4C를 설정할 수도 있다. 협력자는 자사의 경영 전략 방향성에 비추어 유리한 입장을 공유하는 회사를 의미한다. 즉 전략적 기획의 관점에서 보면, 협력자를 통한 자사의 경영 전략은 효과를 극대화할 수 있다.

(2) 사실 기반 사고

실제 기획에서 이러한 전략 수립 과정은 반드시 사실 기반 사고(fact based thought)를 바탕으로 진행되어야 한다는 점을 인식할 필요가 있다. 이는 일상 업무에서 나타나는 일체의 편견과 상식에서 벗어나 객관적 사실로부터 출발하는 사고와 그 활동을 뜻한다. 즉, 전략적 기획이란 예술이나 문학 같은 상상력보다는 사실 기반 혹은 사실 지향 사고를 통해 현황을 객관적으로 직시하는 과정이 더 중요함을 의미한다.

이러한 사실 기반 사고는 시간과 공간, 그리고 인과관계에 따른 상황 분석에 대한 고려로부터 시작된다. 우선 시간에 대한 문제는 해당 기획의 시간적 배경과 추이에 대한 고려이며, 공간에 대한 문제는 단순히 장소성을 의미하는 것이 아니라 사회문화적인 배경에 대한 상황 분석을 의미한다. 따라서 시간과 공간에 대한 문제는 단지 일정과 시점, 그리고 유통망과 네트워크 등을 말하는 것이 아니라 좀 더 거시적인 차원에서 사회적 맥락과 여건을 의미한다. 중요한 것은 사회적 상황에 따라 그러한 시간과 공간의 문제는 수시로 변화될 수 있다는 점을 인식하는 것이며, 사실 기반 사고는 이들에 대한 고려를 통해 진행되어야 한다는 것이다. 동시에 시간과 공간에 대한 문제는 인과관계를 염두에 두고 파악되어야 한다. 어떠한 결정을 하더라도 반드시 그에 대한 원인 혹은 요인 분석과 결과 혹은 효과에 대한 고려도 동시에 이루어져야 함을 의미한다.

하지만 실제 기획 과정에서 이러한 문제들을 모두 통제하고 완벽한 전략을 수립한다는 것은 결코 쉬운 일이 아니다. 기획 주체는 기술, 자본, 인력 그리고 시장 상황과 법 · 제도 등의 외부 변수 등 모든 여건과 난관을 극복하고 전략을 수립하기 어렵기 때문이다. 전략적 기획은 이러한 상황으로부터 손실과 위협 요인을 감소시키고, 설정한 목표를 극대화하기 위해 '선택과 집중'의 관점에서 진행되어야 한다. 즉 가용한 자원의 효율적인 배치, 그에 따른 시장 선택과 마케팅 수립 등 일련의 과정은 '할 수 있는 것'과 '할 수 없는 것'을 분명히 구별하는 과정에서 시작되어야 한다.

결국 전략적 기획이란 3C[Customer(고객), Competitor(경쟁사), Company(자

사)]를 기획의 시발점으로 설정하고, 이를 사실 기반 사고(fact based thought)에 근거한 시간과 공간 그리고 인과관계에 따라 분석하며, 이에 대한 구체적 전술은 '선택과 집중'의 차원에서 이루어져야 함을 의미한다.

2
기획 프로세스 프레임워크

문화콘텐츠 기획은 두서없이 진행되는 과정이 아니다. 전략적 기획에 대해 언급한 바와 같이, 기획은 명확한 목표 설정과 그에 따른 자원의 투입 그리고 결과물을 요구하는 과정이다. 이를 위해 기획은 매우 논리적이고 실증적인 과업을 요구한다. 기획은 일련의 순차적인 과정 속에서 치밀하게 진행되는 과업이다. 이는 기획 프로세스 프레임워크를 통해 구체화될 수 있다. 기획 프로세스 프레임워크란 해당 문제를 해결하기 위한 콘셉트를 세우고, 정보를 수집하며, 그것을 통해 설득하는 일련의 과정을 체계화한 것을 의미한다.

좀 더 구체적으로 기획 프로세스 프레임워크는 문제의 발생과 파악 그리고 그것의 분석에서 시작된다. 이를 통해 목표를 설정하고 그것에 관한 콘셉트를 세운다. 여기서 콘셉트는 자의적으로 도출되는 것이 아니라, 정보 수집과 그것의 분석을 통해 구체화되는 것임을 인식할 필요가 있다. 콘셉트는 좀 더 세밀한 계획들을 통해 가시화되며, 이는 각 콘텐츠의 특성에 따라 달리 제시된다.

이후의 작업은 콘텐츠의 내용적인 부분에 대한 것이 아니라, 외적인 차원을 고려하는 것이다. 이는 인력, 시간, 자본 등과 같이 콘텐츠를 실제로 가능케 할 수 있는 조건들에 대한 검토를 의미한다. 또한 홍보 등과 같이 해당 콘텐츠를 유통하고, 알리고, 전파할 수 있는 방안들도 고려되어야 한다. 마지막으로 이렇게 구체화된 기획 내용들은 문서상으로만 작성되고 표명되는 것이 아니라, 다양한 방식의 설득 커뮤니케이션 과정을 거친다. 이것의 대표적인 사례가 프레젠테이션이다.

일련의 기획 프로세스 프레임워크는 다음 그림과 같이 일목요연하게 정리할 수 있다.

그림에서 볼 수 있듯이, 문화콘텐츠 기획은 다른 분야의 기획과 달리 학제 간의 협업이나 기획자의 역량을 요구한다. 인문학, 기술공학, 예술학, 사회과학 등과 같은 모든 학문 영역의 사고와 논리를 기반으로 진행되는 과정임을 의미한다. 기획 프로세스의 각 단계에는 그에 따른 학문 영역의 이론과 방법론을 수반하며, 해당 단계에서 수행되어야 할 세부 과업도 존재한다. 이것은 일종의 단계별 체크 포인트이자, 각 단계에서 도출되어야 할 결과물이기도 하다.

이론 및 방법론	포인트	과정	영역	제작 단계 구분
문화 간 커뮤니케이션 이론, 문화경제학, 매체 철학, 정책 분석, 기호학, 사회학	트렌드, 미디어 환경, 정치/법제적 환경, 사회/문화적 환경	1. 요구분석 〈거시적 분석〉: 조사방법론 수립 1) 기초 환경 분석 - 시장 및 소비자 분석 - 경쟁사 분석 - 포지셔닝	공통	pre-production
	브레인스토밍, 발상의 전환	2. 아이디어 회의	공통	
	콘셉트 설계, One Page Proposal	3. 마스터플랜 수립	공통	
소비자행동분석론, SWOT STP 분석, 소비가치체계 모델		4. 벤치마킹 〈미시적 분석〉: 기존 사업 비교 분석 온-오프라인 디지털콘텐츠 영역 조사	공통	
서사학, 역사학, 종교학, 민속학	소재 및 원형 연구 – 스토리 맵 작성	5. 소재조사: 대상 소재의 연구 – 소재의 콘텐츠화 가능성	인문학	
		6. 모델연구: 콘텐츠화 모델 상정	핵심 영역	
		7. 개발방법 선택: 기술 선택, 개발도구의 선택과 배치	기술공학	production
HCI, 심리학, 공간기호학, 영상매체학	1) 사용자 경험 시나리오 개발 2) 인터페이스 설계 3) 내비게이션 설계 4) UX 설계	8. 대상분류: 개발 대상 소재를 콘텐츠의 경험 방식으로 재분류 - 경험설계: Interactivity	공통	
	소재, 미디어, 기술 관련 분야 전문가	9. 표현방법 선택: 디자인 구성 및 적용	예술학	
		10. 자문검수: 검수방법 및 보고서 작성	공통	
	마일 스톤	11. 비용산출: 인력–시간–비용의 관계 통찰, man–month 1) 저작권 해결 및 확보 2) 리스크 관리	사회과학	post-production
콘텐츠 매니지먼트론, 광고PR론, 문화경영학	BTL/ATL 전략 수립	12. 홍보전략: 콘텐츠 확산 방안, 홍보전략 및 보도자료 작성 1) 온-오프라인 커뮤니케이션 2) 기간별 계획	사회과학	
		13. 프레젠테이션	공통	

스토리텔링 (arrow spanning steps 1–13)

피드백 (steps 1–4; steps 5–9)

〈그림 1〉 문화콘텐츠 기획 프로세스 프레임워크

3
기획 들어가기: 계획 · 입안 영역

1) 요구 분석

문화콘텐츠 기획에서 가장 먼저 진행되어야 하는 사항은 요구 분석이다. 요구 분석이란 일종의 기초 환경 분석이자 거시적 분석을 의미한다. 여기에는 이후에 진행될 시장과 소비자 분석, 경쟁사 분석은 물론이고 자사 분석, 즉 앞서 언급한 3C 전략과 그 분석이 포함된다. 물론 이는 사업 진행이 결정된 이후에 더욱 상세하게 이루어져야 하는 것이지만, 사업 진행에 대한 가부를 결정하기 위해 필요한 기초 환경 분석의 관점에서 필요하다. 하지만 이보다 더 중요한 것은 사회적 상황과 맥락에 대한 분석이다. 좀 더 구체적으로 요구 분석은 자연 환경 요인에 대한 분석, 문화적 소재에 대한 사회적 동향과 미디어에 대한 산업적 이해, 다양한 기술 현황 파악, 그리고 법 · 제도의 여건 분석 및 트렌드 동향 파악 등 해당 기획을 둘러싼 모든 것에 대한 조사가 진행되어야 한다.

여기에 덧붙여 요구 분석에는 제안 요청에 대한 분석도 포함된다. 제안 요청 분석은 제안 요청자에 대한 분석과 제안 요청서에 대한 분석이 동시에 이루어져야 한다. 우선 제안 요청자에 대한 분석은 외부 요청자일 경우, 해당 요청 기관 및 담당자 등 제안 요청 주체에 대한 분석을 의미한다. 이는 제안 요청 주체의 기존 사업 및 프로젝트 성격과 제안자와의 커뮤니케이션 스타일 등을 파악해야 함을 의미한다. 외견상으로 비슷한 유형 및 내용의 제안 요청일지라도 제안 요청 주체가 누구(어디)인가에 따라 제안자와의 커뮤니케이션 방법과 그 결과가 달라질 수 있기 때문에 이에 대한 분석이 선행되는 것이 효과적인 제안과 기획을 가능케 한다.

실제 기획에서 제안 요청서가 제시되었을 때, 이를 어떻게 분석하느냐에 따라 기획의 범위가 결정됨과 동시에 기획 · 제안서의 채택 여부에 영향을 미친다. 제안 요청서는 일반적으로 기획의 목적과 요구되는 기술 및 자격 사항, 예산 규모, 인력의 요건, 구비 서류 목록, 제안서 작성 지침과 사업자 선정 방법 및 일정 그리고 계약 관계 등 일련의 기획 · 제안을 위한 범위를 정하고 있다. 따라서 요구 분석으로서의 제안 요청서 분석은 클라이언트의 의도 및 요구를 파악함과 동시에 효과적인 기획 · 제안서를 작성하기 위해 반드시 선행되어야 하는 과정이다. 많은 경우, 정부 및 관공서 그리고 공공기관 등의 제안 요청 과정에는 제안 요청 설명회 등을 개최하기도 한다. 여기서는 해당 클라이언트가 요구하는 내용과 관련된 참고 자료를 배포하거나 질의응답 등의 시간이 주어지기 때문에 제안하는 측에서는 반드시 참석하는 것이 좋다.

요구 분석은 기초 환경 분석으로 명명될 수 있지만, 실제로 가장 중요한 지점이기도 하다. 요구 분석의 결과에 따라 기획 · 제안 과정을 계속 진행해야 할지 혹은 중단해야 할지에 대해 결정할 수 있기 때문이다. 특히 요구 분석은 뒤에 나올 시장 및 소비자 분석, 경쟁사 분석, 포지셔닝 등에 대한 거시적 분석도 이루어진다는 점에서 이후의 과정과도 계속해서 연관된다. 따라서 요구 분석의 수준은 '어느 정도' 혹은 '어느 수준'까지 수행되어야 하는가에 대한 명확한 기준이 없다. 요구 분석의 질적 · 양적 수준이 정교하고 풍부할수록 이후의 과정을 더욱 원활히 수행할 수 있게 된다.

2) 아이디어 발상

창의성 혹은 창조성은 문화콘텐츠 기획의 가장 중요한 요건 중 하나이다. 이에 '아이디어 발상' 단계는 어떻게 하면 창의성과 창조성을 극대화할 것인가에 대한 문제를 수반한다. 실제로 여러 학자나 기획자 그리고 컨설턴트 등이 제시한 아이디어 발상법이 공통적으로 언급하는 바는 창의성을 어떻게 발휘할 것인가에 있다. 그리고 그 공통된 답변 또한 아이디어 발상은 고정관념에서 벗어난 창의적인 사고로부터 시작해야 한다는 데 있다. 그러므로 기존의 지식, 선입견을 깨고 현상과 사물을 다른 관점에서 바라보는 것이 아이디어 발상의 시작이다.

(1) 브레인스토밍

아이디어 발상법으로 가장 잘 알려지고, 여러 아이디어 발상법의 원류 격으로 알려진 브레인스토밍(brainstorming)은 미국 광고회사의 경영자 알렉스 오스본(Alex Faickney Osborn, 1888~1966)이 1939년에 처음 개발했다. 알렉스 오스본은 1953년에 출간된 자신의 저서 《상상력 활용하기(Applied Imagination)》를 통해 브레인스토밍을 구체화한 바 있다.

그가 제시한 브레인스토밍의 기본적인 원칙은 크게 네 가지이다. 첫째, 아이디어 발상에서는 비판이 금지되어야 한다. 아이디어는 상상력을 동원하여 진행되기 때문에 실제로 현실의 여러 여건과 괴리되는 측면이 있다. 그렇다고 하여 아이디어 회의 중 비판이 진행되면 해당 아이디어는 묻힐 우려가 발생한다. 비판으로 인한 일종의 아이디어 정제는 현실의 상황들을 고려하는 것을 의미하기 때문에 창의적이고 새로운 아이디어 창출을 어렵게 하기 때문이다. 둘째, 아이디어 발상은 자유로운 환경에서 진행되어야 하며, 동시에 자유로운 의견 교환이 가능해야 한다. 이는 사회나 현실 조직의 지위 및 나이, 성별 등을 일체 배제한 상황에서 아이디어 회의가 진행되어야 함을 의미한다. 자유롭지 못하고 통제와 격식 등을 우선시하게 되면 결국 아이디어는 해당 사회나 조직의 선입견이나 고정된 관습 등으로부터 벗어나지 못하기 때문이다. 셋째, 아이디어 회의에서는 질보다 양, 즉 다다익선(多多益善)이 중요하다. 질을 생각하게 되면 '날것'의 아이디어는 가공된 채로 제시될 수밖에 없는데, 이러한 과정 속에서 해당 아이디어가 가지고 있는 잠재성은 오히려 저하될 수 있다. 그러므로 아이디어 회의 단계에서는 질을 판단하기보다는 일단 최대한 많은 아이디어를 발산하는 것이 중요하다. 넷째, 발산된 아이디어들은 결합과 개선을 통해 새로운 아이디어로 재창출되어야 한다. 아이디어란 완성된 기획안이 아니기 때문에 아직 부족한 부분이 있다. 이를 다른 아이디어와 결합하고 개선함으로써 완성도를 높이거나 또 다른 새로운 아이디어로 이어지게 할 수 있다. 여기서 다른 사람이 제시한 아이디어를 결합하고 개선한다는 것이 새로운 아이디어가 아니라고 여길 필요는 없다. 특히 아이디어 회의는 팀과 조직을 위해 수행되는 것이며, 개개인의 성과 판단 유무를 거론하는 단계가 아니다.

이러한 브레인스토밍을 도와주는 방법으로는 블록 만들기, 색칠하기, 그림책 보기 등이 있다. 이것들은 어린 시절에 대부분 해보았던 일종의 놀이로서, 창의적 사고를 위한 일종의 '보조제'나 '몸 풀기'의 역할로 활용 가능하다. 이러한 놀이는 선입견과 규범적인 지식으로 인해 경직되어 있던 사고 과정을 유연하게 해주는 도구가 될 수 있다.

브레인스토밍의 장점은 아이디어의 창출 과정에 유용하게 활용할 수 있다는 점이다. 하지만 이보다 더 중요한 것은 아이디어 회의에서는 아이디어 창출 과정과 평가 과정을 분리하는 것이다. 실제 창의적인 문제 해결은 발산적 사고와 수렴적 사고를 활용하는데, 아이디어 창출 과정이란 '발산' 과정이고, 아이디어 평가 과정은 '수렴' 과정이다. 따라서 아이디어 회의에서는 이 두 과정을 분리하되, 창출–평가 과정이 순환적으로 지속되어야 한다(Vangundy, 1995, p. 15). 많은 경우, 아이디어 회의에서 이 둘의 과정이 분리되지 않고 혼동된다. 하지만 이 둘은 분명히 다른 사고의 흐름과 결과를 보여주기 때문에 개인이건 조직이건 간에 아이디어 회의에서는 이 둘이 반드시 분리되어야 한다.

(2) 아이디어 평가

아이디어 평가 방법은 다양하지만 그중 '여섯 모자 기법'은 방대하게 창출된 아이디어를 효과적으로 평가할 수 있다. 여섯 모자 기법은 개인과 조직 모두에 적용될 수 있는데, 이는 평가 임무를 맡은 상황(구성원)이 각 모자의 역할에 따라 평가 과정에 참여하는 방법이다(Bono, 1985). 우선 하얀 모자의 역할은 실증적이고 객관적인 의견을 개진하는 것이다. 따라서 수치, 데이터, 정보 등과 같은 사실적인 평가에서 반드시 필요하다. 파란 모자의 역할은 아이디어를 분석하고, 평가 과정을 제어하는 역할을 하기 때문에 해결해야 할 문제를 정의하거나 요약과 결론 도출에 활용한다. 녹색 모자는 창의력에 초점을 두어 해당 아이디어에 관한 잠재력에 주목하며, 그에 따른 확장과 변화 가능성을 촉진하는 역할을 한다. 그러므로 녹색 모자를 쓴 사람은 또 다른 아이디어를 제안하거나 기존 아이디어의 단점에 대한 대안을 제시할 수 있어야 한다. 빨간 모자는 해당 아이디어에 대한 느낌을 강조하기 때문에 논리적 혹은 이성적 사고를 강조하기보다는 직관적이고 감성적인 의견을 제시해야 한다. 노란 모자는 해당 아이디어에 대한 긍정적이고 장점에 관한 의견을 줄 수 있어야 한다. 따라서 이익, 이점, 이윤, 희망사항, 강점 등과 같은 부분에 평가의 역점을 두어야 한다. 검정 모자는 논리적 사고에 근거한 단점, 위험 요소, 경고, 부주의, 한계, 결점 등과 같은 부정적인 의견을 제시해야 하며, 동시에 아이디어 평가에 대한 신중함과 비판을 강조해야 한다. 여섯 모자 기법의 활용 순서는 앞서 서술한 대로 진행될 수 있지만, 회의 과정에 따라 혹은 파란 모자의 결정에 따라 달라질 수도 있다. 이 기법이 효과적인 이유는 특히 조직 · 그룹의 활용에 있어서 구성원들이 한 가지 사고에 초점을 두어 아이디어를 효과적으로 평가 및 제어할 수 있기 때문이다.

여섯 모자 기법 외에도 마인드맵이나 로직 트리 등을 활용할 수도 있다. 이러한 방법들은 생각을 세분화하고 정리하는 것뿐만 아니라 현상분석이나 인과관계 모색을 가능케 하며, 그에 따른 적절한 해결책을 구체화하는 데 도움을 줄 수 있다.

3) 마스터플랜의 수립

마스터플랜(master plan)은 이후에 진행될 기획(서)에 대한 일종의 매뉴얼 혹은 로드맵이다. 따라서 매뉴얼 혹은 로드맵으로서 마스터플랜은 기획에 필요한 일련의 내용들이 거의 포함되어야 하지만, 완성된 기획서가 아니기 때문에 동시에 변화 가능성 또한 가지고 있다. 마스터플랜의 역할은 기획의 큰 그림을 그림으로써 향후 대처하고 준비해야 할 지점들을 미리 인지할 수 있게 한다는 것이다. 또한 이를 통해 기획의 규모와 범위를 한정시켜준다는 기능도 가지고 있다. 이러한 관점에서 보면, 마스터플랜의 목차(항목)와 최종 기획서의 그것은 거의 동일하다고 볼 수 있다.

마스터플랜과 형태상 혹은 외견상 유사한 문서는 OPP(One Page Proposal)이다. OPP의 특징을 보면 마스터플랜이 어떠한 요건을 갖추어야 하는지 가늠할 수 있다. OPP는 추진하고자 하는 사업 혹은 프로젝트를 둘러싼 모든 객관적인 사실과 추론 그리고 상황 등이 간결하게 표현된다. 동시에 기획서는 클라이언트에게 동의를 구하기 위한 목적을 가지고 있기 때문에 해당 실행 과정이 구체적으로 명시되어야 하며, 설득력 있는 언어와 그에 따른 표현들이 활용되어야 한다. 그리고 이 모든 내용은 '한 장'의 분량으로 제시되어야 한다는 것이 중요하다(Riley, 2002, p. 19). 마스터플랜도 이와 마찬가지이다. 하지만 마스터플랜이 최종 기획서가 나오기 전에 산출되는 데 반해, 일반적으로 OPP는 최종 기획서를 토대로 이를 한 장으로 요약하는 것이라는 점에서 차이가 있다. 따라서 OPP는 최종 기획서가 완성된 후에 일반적으로 최종 기획서의 맨 앞에 첨부하여 전체 내용을 숙지할 수 있도록 제시된다. 중요한 것은 마스터플랜이나 OPP 모두 기획(서)의 공정과 그에 따른 일관성 있는 내용들을 포함하는 명확성과 간결성이 강조되는 문서라는 점이다.

4) 시장 및 소비자 그리고 경쟁사 분석

시장이란 일반적으로 재화나 용역의 수요와 이들에 대한 공급이 만나게 되어 해당 가격이 결정되거나 거래되는 장소 혹은 그러한 시스템을 뜻한다. 그러므로 시장은 소비자(구매자)와 생산자(판매자)가 만나는 지점으로서 말 그대로 '장'이다. 현대사회에 들어와 시장은 전통적인 의미의 시장뿐 아니라 온라인 공간이 포함되기도 하며, 기획의 관점에서 보면 시장은 다양한 고객의 집단이라는 의미로서 관용적으로 사용되기도 한다. 따라서 시장에 대한 문제는 반드시 소비자에 대한 논의로 귀결된다. 왜냐하면 개별 소비자는 그들의 다양한 욕구를 해소하기 위해, 동시에 그에 따른 요구를 통해 각기 다른 집단 · 군을 이루며 시장의 성격과 특징을 보여주기 때문이다. 그리고 시장은 가격 결정에 가장 중요한 역할을 하는데, 이는 가격이 생산자의 관점에서만 결정되는 것이 아니라 소비자의 판단에 영향을 받기 때문이다. 여기서 소비자의 판단은 다양한 생산자가 제공하는 재화와 용역 등에 대한 비교에 근거한다. 그러므로 시장에 대한 문제는 생산자, 즉 해당 생산자와 경쟁하는 경쟁사들에 대한 논의도 수반된다.

이러한 관점에서 보면, 시장 및 소비자 그리고 경쟁사에 대한 문제는 직접적인 상품 제작과 연관된 'production' 영역 이외에 기획 전 과정에서 다루어지는 포괄적인 내용 전반이라고 볼 수 있다. 따라서 이후에 논의될 문화콘텐츠 경영과 문화콘텐츠 마케팅에 대한 내용들은 실제 시장 및 소비자 그리고 경쟁사에 대한 것이기 때문에 이 절에서는 이들에 대한 간략한 사항들만 다루도록 한다.

(1) 시장과 타깃

우선 시장 분석은 시장에 대한 개념적 정의를 한정하고 이를 어떻게 활용할 것인지에 대한 결정에서 시작되어야 한다. 다시 말해, 거래 상품 · 제품 시장(영화, 게임, 박물관, 축제 등), 욕구 시장(웰빙, 힐링, 엔터테인먼트, 교육 등), 인구통계적 시장(유아, 대학생, 미혼, 시니어 등), 지역적 시장(수도권, 한국, 아시아 등), 기업 시장(주로 B2B), 비영리 및 정부 시장 등 여러 시장 중 해당 기획에 적합한 시장의 개념적 정의와 그에 따른 규모와 현황 그리고 전망 등을 파악해야 한다. 이를 통해 시장에 대한 문제는 특정한 소비자 분석으로 논의가 좁혀져야 한다.

여기서 특정한 소비자란 '타깃(target)'을 의미하며, 이들은 직접적으로 해당 문화콘텐츠 상품에 대한 소비자가 된다. 따라서 소비자 분석에서는 이들에 대한 욕구와 소비 성향은 물론이고, 특정한 소비자로서 추구하는 가치나 라이프스타일 그리고 그에 따른 특성 등이 조사되어야 한다. 타깃 선정에서 중요한 것은 최대한 이들을 세밀하게, 다시 말해 특정한 인물에 가까울 정도로 좁게 설정해야 한다는 점이다. 왜냐하면 현대사회 소비자의 특성이 이전에 비해 점점 세분화되고 있기 때문이며, 그에 따라 이들의 소비 방식이 균일하지 않기 때문이다. 또한 기획이란 앞서 언급한 바와 같이 명확성이 핵심이며, 특히 문화콘텐츠 기획은 '경험과 인지'에 대한 기획이기 때문에 특정한 소비자를 토대로 그들이 원하는 바를 구체적으로 제시해주어야 한다. 여기에 타깃 선정이 중요한 이유를 덧붙이자면, 이후 기획 과정의 전제와 그 구체적 계획은 본 단계에서 선정한 타깃에 근거한다는 점 때문이다. 타깃 선정은 해당 콘텐츠, 서비스, 관련 상품, 경험, 사용 언어, 디자인, 가격 등과 같은 기획의 모든 내용과 연관되기 때문이다. 따라서 시장과 타깃에 대한 조사는 매우 실증적이고 엄밀하게 진행되어야 한다.

(2) 경쟁사와 벤치마킹

이러한 시장 조사와 타깃 선정은 그에 따른 경쟁사(제품)를 도출한다. 이는 문화콘텐츠뿐만 아니라 다른 모든 산업 영역에서도 마찬가지이다. 경쟁사 또한 다양한 관점에서 논의될 수 있지만, 기획 단계에서 반드시 조사되어야 할 경쟁사는 '벤치마킹(bench marking)' 관점에서 진행되어야 한다. 벤치마킹이란 기존의 타사 제품이나 기술 및 경영 방식 등을 참조 및 응용하여 자사 및 자사의 제품에 적용하는 과정을 의미하는데, 이는 크게 두 가지 유형으로 볼 수 있다. 첫 번째는 매체 혹은 콘텐츠의 형태가 유사한 경쟁사(제품)에 대한 분석이다. 가령, '이순신 게임'을 기획한다고 하면, 크게 보아 게임이라는 형태의 관점에서 경쟁사 분석을 진행해야 한다. 두 번째는 소재가 일치하거나 유사한 경쟁사(제품)에 대한 조사이다. 이는 형태가 게임은 아니지만 이순신과 관련된 다른 형태의 콘텐츠들인 영화, 축제, 전시회 등을 분석함을 의미한다. 물론 이 둘이 일치하는 경쟁사(제품)는 필히 분석되어야 한다. 중요한 것은 이러한 벤치마킹을 통해 이 단계에서는 자사 혹은 자사 제품과 그들 간의 차별화 방안을 설정하고 그에 따른 포지셔닝(positioning)을 결정해야 한다.

결국 이 단계에서 간략히 다룬 내용들은 앞 절에서 논의한 전략의 3C에서 Customer(고객)와 Competitor(경쟁사)에 대한 조사 사항들이다. 덧붙여 이들에 대한 논의는 문화콘텐츠 기획의 관점에서뿐 아니라 다양한 사업 영역에서 공통적으로 강조하는 부분들이며, 고객, 경쟁사, 자사의 문제를 어떻게 설정하느냐에 따라 기획, 경영, 마케팅의 정의와 범주는 여러 형태로 나타난다고 볼 수 있다.

5) 콘셉트 설정과 소재 조사

(1) 기획의 핵심으로서 콘셉트 설정

기획에서 콘셉트 설정이란 해당 결과(물)에 대한 가장 함축적이고 고차원의 추상적인 내용을 정하는 것을 의미한다. 여기서 함축과 추상이란 형이상학적인 내용이나 '뜬구름 잡는 것'과 같은 모호함을 뜻하는 것이 아니다. 콘셉트 설정은 기획의 핵심이자 기획 내용의 본질이다. 기획은 어떤 것을 실행하기 위한 선행 작업인데, 그 실행하고자 하는 바, 즉 기획의 목적이 분명할수록 해당 기획은 채택되고 실행될 가능성이 높아진다. 콘셉트는 콘텐츠에서 그것이 제시하거나 전달하고자 하는 함축된 의미 체계이기 때문이다. 따라서 콘셉트 설정은 기획의 목적에 적합한 내용의 핵심을 정하는 일이 된다. 이러한 관점에서 보면, 콘셉트 없는 콘텐츠는 존재할 수 있을지 몰라도 콘셉트 없이 성공한 콘텐츠는 없다.

콘셉트는 기획의 전 과정에 걸친 모든 내용에 대한 요체이기 때문에 단지 기획자 및 기획 참여자의 머릿속에서만 존재해서는 안 되고 말과 글로써 분명하게 표현될 수 있어야 한다. 콘셉트 설정의 배경에는 앞서 다룬 시장 및 소비자 그리고 경쟁사에 대한 분석이 위치하지만, 실제 콘셉트의 내용은 소재에서 나온다. 문화콘텐츠 기획은 문화콘텐츠 등과 같은 문화적 생산물을 결과물로 염두에 두는데, 이는 특정 소재에 대한 면밀한 조사를 통해서만 가능하다. 소재 조사는 콘텐츠의 콘셉트와 테마 그리고 주제를 설정하기 위한 단계이다.

소재 조사란 문화적 소재에 대한 단순한 문헌 고찰을 의미하는 것이 아니다. 방법적인 차원에서 문헌 고찰 외에 다른 수단을 통해 조사한다 할지라도 소재 조사가 단지 소재에 대한 역사적 혹은 문화적 의미, 현 상황(분포, 보존 형태 등) 등과 같은 차원에서 진행된다면 문화콘텐츠 기획에 큰 도움을 주지 못한다.

(2) 콘텐츠화의 가능성에 대한 소재 조사

콘텐츠를 염두에 두고 이를 논의한다면, 소재 조사란 콘텐츠화의 가능성에 대한 조사를 뜻한다. 즉 소재 조사는 '문화'가 '문화자원'으로서 특정한 방식으로 '활용' 가능하다는 것을 조사하고 증명하는 과정이다. 여기서 활용은 매우 다양하고 포괄적인 개념이기 때문에 콘텐츠에 따라 소재 조사가 매우 광범위하게 이루어져야 하는 경우도 있지만, 그 반대로 특정한 관점에서 세밀하게 진행될 수 있다는 점을 의미하는 것이기도 하다. 이러한 관점에서 소재 조사는 단지 역사적 혹은 문화적 가치를 논의하는 것이 아니라, 해당 소재가 미디어나 공간 혹은 기술 등을 통해 스토리텔링 되기 위한 전제에서 진행될 필요가 있다. 그리고 이에 대한 전제는 앞서 언급한 시장 및 소비자의 요구와 연관된다. 따라서 소재 조사는 역사 연구 혹은 인문학적 연구이기도 하지만, 시장과 소비자 그리고 미디어 및 기술을 고려하고 있다는 점에서 응용역사학 혹은 응용인문학적 연구이기도 하다.

이러한 관점에서 볼 때, 소재 조사 단계에서는 특정한 문화적 소재가 콘텐츠라는 관점에서 어떻게 활용될 수 있는가 혹은 어떠한 형태의 콘텐츠로 변형될 수 있는가를 염두에 두고 조사가 이루어져야 한다. 물론 앞서 논의한 마스터플랜 단계에서 대강의 콘셉트가 설정되고, 그것을 위해 소재에 대한 기초 조사가 이루어졌겠지만, 이 단계에서는 콘셉트에 대한 실질적이고 구체적인 관점에서 소재 조사가 필요하다. 그러므로 소재 조사 단계에서는 소재에 대한 기초 조사로서 역사성과 문화적 가치 등은 물론이며, 소재와 미디어의 연관 관계 및 적합 여부, 소재의 스토리라인 및 콘텐츠 시나리오, 콘텐츠의 세부 요소 및 메뉴, 소재와 관련된 캐릭터 및 부가 요소 등과 같은 콘텐츠의 구체적 '내용'에 대한 논의를 도출해야 한다. 아울러 소재를 계량적인 관점에서 접근하여 소재가 '콘텐츠 상품'의 특정한 '요소'가 될 수 있도록 분석해야 한다.

이렇듯 소재 조사의 수준이 어떠한가에 따라 해당 콘텐츠의 참신성이 결정될 수 있다. 이미 익숙한 소재라 할지라도 소재 조사 및 분석을 어떻게 했는가에 따라 해당 소재는 식상한 것이 될 수도 있고 무한한 가능성을 가진 소재로 재인식될 수도 있다. 혹은 동일한 소재라 할지라도 그것에 대한 가능성을 어떻게 찾아내는가에 따라 '콘텐츠 모델'이 달라질 수 있다.

결국 소재 조사는 창의력이나 창조성을 강조하는 문화콘텐츠 기획에서 가장 중요한 단계 중 하나라고 볼 수 있다. 흔히 언급하는 '창의적 콘텐츠' 혹은 '킬러 콘텐츠'는 소재 조사의 수준에 따라 결정된다고 해도 과언이 아니다. 소재 조사의 질적 · 양적 수준에 따라 콘텐츠의 방향과 콘셉트 등을 포함한 매력도가 결정될 수 있다. 소재 조사는 단순히 소재에 대한 리서치를 진행하는 것이 아니라 창의적인 기획을 위한 소재 설계 단계이다.

6) 미디어와 기술의 이해

문화콘텐츠 기획에서 미디어와 기술이 차지하는 비중은 매우 크다. 왜냐하면 외견상 문화콘텐츠 기획의 결과물은 그것이 영상미디어, 뉴미디어 등일 경우는 물론이며, 건축물 및 장소 등의 공간에서와 같이 특정한 매개 형식인 미디어를 통해 체화되기 때문이다. 따라서 미디어는 해당 콘텐츠의 형태적 특성과 경험 방식에 가장 큰 영향을 미치는 요소이다.

이와 더불어 미디어에 대한 문제는 적용되는 기술이 무엇인가에 대한 논의를 수반한다. 왜냐하면 해당 미디어들은 각기 다른 기술적 특성을 가지고 있기 때문이다. 여기에는 하드웨어와 소프트웨어를 아우르는 다양한 제반 기술이 포함된다. 하지만 실제로 문화콘텐츠 기획자가 모든 미디어 및 제반 기술을 섭렵하기는 쉽지 않다. 왜냐하면 기술은 분명히 특정한 전문 영역이기 때문이다. 그럼에도 불구하고 문화콘텐츠 기획자는 해당 분야의 기술에 대한 지식을 숙지해야 한다. 적어도 어떠한 기술이 적용되어야 하는지, 그리고 해당 기술에 대한 동향이나 전망은 어떠한지에 대해 파악해두어야 한다. 이에 대해 전혀 알지 못한다면 기획에 있어 매우 난감한 상황들이 발생할 수 있기 때문이다. 특히 이는 소재가 어떠한 미디어 및 기술과 부합되는지, 그리고 이후에 논의할 경험 설계 단계에서 구체적으로 적용 가능한지에 대한 문제와 연관된다. 따라서 문화콘텐츠 기획자에게 중요한 것은 미디어 기술에 대한 조작이나 습득이 아니라 그것이 어떠한 메커니즘에서 어떻게 작동하고 적용될 수 있는지에 대한 기초적인 이해이다. 그리고 이러한 한계를 보완하기 위해 미디어와 기술에 대한 이해 단계에서는 해당 기술 전문가의 의견이 수렴되어야 한다.

7) 경험 설계

경험 설계란 문화콘텐츠 기획의 결과물에 대해 소비자에게 부여되는 직접적인 체험과 그 방법에 대한 논의를 뜻한다. 이는 앞서 다룬 소재 조사와 깊은 연관성을 가지지만 차이점도 분명하다. 소재 조사가 소재에 대한 콘텐츠화 혹은 그 적용 가능성을 염두에 둔 것이라면, 경험 설계는 그러한 조사 과정을 통해 미디어 및 기술에 체화된 콘텐츠로부터 실제 소비자가 어떻게 이를 경험하는가에 대한 문제에 방점이 놓여 있기 때문이다. 따라서 경험 설계에 대한 문제는 대체로 박물관, 테마파크, 축제 등과 같은 공간형 콘텐츠 기획이나 게임, 웹 콘텐츠, 애플리케이션, 인터랙티브 드라마 · 영화 등과 같은 디지털 콘텐츠 혹은 비선형적 · 쌍방향적 콘텐츠 기획에서 특히 중요하게 인식된다. 왜냐하면 이들 콘텐츠는 소비자가 수동적으로 관조 · 감상하는 것이 아니라, 사용자의 관점에서 직접적인 체험이나 행동 그리고 행위 등을 필요로 하며, 그에 따른 콘텐츠의 경험 방식이 달라지기 때문이다.

소재 조사가 '아직까지' 소재에 대한 '추상적 설계' 단계라고 한다면, 경험 설계는 '본격적으로' 그 '추상적 설계'가 '구체화'되는 방식에 대한 과정을 의미한다. 한마디로 말해, 소재 조사가 일종의 정보 구조에 대한 문제라면, 경험 설계는 정보 구조가 어떻게 사용자의 경험과 연결되는가에 대한 문제와 연관된다. 즉 소재 조사가 콘텐츠 '정보의 구조적인 문제'를 다루는 데 반해, 경험 설계는 그 구조가 구체적으로 표현되어 소비자에게 체험되는 방식에 대한 고민을 수반한다. 이렇게 보면, 경험 설계에서도 소재 조사와 마찬가지로 시장 및 소비자에 대한 요구를 전제로 하여 진행하는 것은 당연하다. 특히 경험 설계는 '특정한 소비자의 경험에 대한 문제'이기 때문에 소비자가 누구인가에 따라 해당 콘텐츠의 경험 방식은 다르게 제시되어야 한다. 결국 소재 조사가 콘텐츠 자체의 스토리에 대한 문제라면, 경험 설계는 콘텐츠가 진행되고 경험되는 방식으로서 스토리텔링에 대한 논의이다.

한편 경험 설계에 대한 문제는 외견상으로 표현 방법에 관한 문제인 디자인 영역과 동일한 것처럼 보인다. 물론 이 둘은 밀접한 관계이지만, 디자인이 단지 다양한 오브제 및 구성요소에 대한 색상 및 질감, 형태 등에 초점을 두고 있는 반면, 경험 설계는 그러한 디자인 이전에 콘텐츠의 스토리텔링 방법에 대한 문제에 주안점을 두고 있다는 점에서 차이가 있다. 따라서 경험 설계는 흔히 디지털 콘텐츠 영역에서 다루는 인터페이스와 내비게이션에 관한 논의에서와 같이 소비자와 콘텐츠가 만나는 '접점'을 어떻게 구성하는가에 대한 문제를 포함한다. 이러한 관점에 덧붙여, 경험 설계는 어떻게 하면 소비자로 하여금 더욱 몰입되게 하고, 실감나는 경험을 하게 할 것이며, 그 경험에서 불편한 점은 없는지, 그리고 동일한 소재일지라도 색다른 경험을 하게 하는지 등에 대한 문제도 해결하는 데 있다.

4
기획의 진행: 관리 · 마케팅 영역

1) 조직 · 인력 관리

조직과 인력 관리는 팀원 구성에서부터 시작된다. 팀원 구성은 기본적으로 해당 영역에 대한 전문성 자질과 더불어 구성원 간의 협력 관계 구축을 염두에 두어야 한다. 그와 동시에 팀원 구성에서 중요한 요소 중 하나는 특정 영역에 업무가 집중되지 않도록 조정하는 일이다. 물론 이에 대해서는 프로젝트마다 업무의 집중도가 다르기 때문에 일반화되는 것은 아니다. 그러므로 팀원 구성은 기획자가 단독으로 결정하기보다는 프로젝트 책임자 · 관리자와의 협의 하에 진행되는 경우가 많다. 일반적으로 팀원은 보고 체계의 위계상 책임자 · 관리자, 중간관리자 그리고 실무자로 구성된다. 여기서 기획자의 위치가 어디에 해당하더라도 특히 기획자는 다른 영역의 구성원들보다 전체 기획 프로세스를 정확히 파악하고 있어야 하며, 동시에 각 영역별로 업무상 발생할 수 있는 마찰이나 갈등 요인을 사전에 제거하거나 중재 역할을 할 수 있어야 한다.

이러한 논의를 전제로 하여 기획 단계에서 조직과 인력 관리에 대한 문제는 다음과 같이 정리할 수 있다. 우선 구성원들은 프로젝트 목표에 대한 이해가 분명해야 한다. 이를 위해 기획자는 업무에 대한 전체 구조를 파악하고, 해당 참여 부분에 대한 명확한 과제를 위임해야 한다. 동시에 기획자는 책임자 · 관리자와 협력하여 프로젝트 기간 동안 회의 및 보고 체계 방안을 수립해야 한다. 그와 동시에 중간에 발생할 수 있는 인력 이탈 대응 방안 및 추가 인력 보완 계획도 염두에 두어야 한다. 마지막으로 프로젝트에 따라 해당 조직은 본래의 조직을 해체하고 임시로 재편되기도 하는데, 기획자는 그에 따른 간극과 업무 혼란을 최소화할 방안을 강구해야 한다.

2) 예산 · 일정 관리

예산과 일정 관리는 겉으로 보기에는 다른 영역이지만 사실은 분리되어 진행될 수 없다. 왜냐하면 예산은 일정에 따라 집행되기 때문이다. 사실 이러한 관점에서 보면 예산은 인력 편성 및 활용 계획과도 직결된다. 이를 일반적으로 'man-month(m/m)'라 하며, 이는 한 사람이 특정 기간 동안 얼마만큼의 일을 수행하는가를 의미한다. 즉 man-month(m/m)는 투입 인력과 예산, 그리고 그에 따른 해당 결과물의 산출량에 대한 수립과 연관된다. 따라서 일정 관리(표)는 예산, 시간, 인력 그리고 그에 따른 해당 결과물에 대한 관계가 파악될 수 있도록 편성되어야 한다.

예산 항목은 크게 인건비, 직접비, 간접비로 나누어 살펴볼 수 있다. 인건비는 실질적으로 해당 업무에 참여하는 인력에 대한 비용뿐 아니라 지원 인력인 총무, 세무 등의 업무에 대한 비용이 있다. 여기서 인건비는 해당 인력의 전체 보수를 뜻하는 것이 아니라, 프로젝트에 대한 참여율이 고려되어야 한다. 또한 인건비는 직접적으로 해당 부서 및 기관에 속해서 프로젝트를 진행하는 경우 내부 인건비이지만, 다른 기관에 속해 있으면서 임시로 참여하는 인력의 경우 외부 인건비로 편성된다.

직접비는 크게 특정 기간 동안 사용하기 위해 구입하거나 임대하는 기기 및 시설에 대한 기자재 및 시설비, 국내 및 해외 출장 혹은 답사 등을 위해 소요되는 여비(교통비), 해당 프로젝트 수행을 위해 소요되는 우편 요금, 통신료, 기타 제 잡비(사무용품, 용지, 문구류 등) 등을 포괄하는 수용비, 전문가 자문이나 도서 구입, 학회 참가, 회의비, 원고료 등에 관한 기술정보(활동)비, 중식과 야식 등의 식비 그리고 해당 결과물에 대한 일체의 홍보비 등이 여기에 속한다. 직접비에 대한 세부 항목은 해당 조직이나 기업에 따라 달리 편성되기도 한다. 덧붙여 문화콘텐츠 기획에는 기존의 제조업과 달리 원료(재료)비가 저작물 사용료의 형태로 소요되기도 한다.

간접비는 여러 사업 영역에서 조금씩 달리 이해되지만, 이는 일반적으로 직접비에 대응하는 비용이며, 간접재료비, 간접노무비, 간접경비 등이 포함된다. 이외에 고려해야 할 비용으로는 회계감사 수수료, 지적재산권 출원 및 등록비 등이 있다.

3) 광고 · 홍보 기획

문화콘텐츠 기획에서 광고 · 홍보 기획이 차지하는 중요성은 매우 크다. 사실 여기서 언급하는 광고 · 홍보는 마케팅의 여러 수단 중 하나이다. 따라서 실제 광고 · 홍보 전략을 위한 원론적이고도 특히 마케팅의 관점에서 파악되어야 할 내용들은 문화콘텐츠 마케팅 장에서 다루도록 한다. 여기에서는 기획 프로세스의 관점에 근거한 좀 더 기초적인 광고 · 홍보 방안에 대해 살펴보고자 한다.

(1) 광고와 홍보

우선 광고(advertising)와 홍보(publicity)는 유사하면서도 차이가 있는 개념이다. 둘 다 '널리 알리다'라는 의미를 가지고 있다. 하지만 광고는 직접적으로 해당 상품을 판매하기 위한 목적으로 특정한 미디어를 '돈을 주고' 활용하는 것을 말한다. 다시 말해, 해당 기업이 광고주가 되어 텔레비전, 라디오, 잡지, 뉴미디어 등의 미디어를 활용하여 판촉 활동을 하는 것이 광고이다. 이에 반해, 홍보는 소비자와의 관계 유지 및 개선, 신뢰감 획득 등의 목적을 위해 이벤트 개최, 언론 기사화, 협찬 등의 방법을 활용하는 것을 뜻한다. 물론 홍보를 통해 자사 혹은 제품에 대한 이미지가 개선되어 상품 판매에 긍정적인 영향을 미치기도 하지만, 애초에 홍보는 광고와 달리 직접적인 판촉 행위가 아니라는 점에서 차이가 있다. 따라서 광고가 해당 상품에 좀 더 밀접하고 '판매'라는 구체적 목적을 가지고 있는 데 반해, 홍보는 자사나 해당 상품이 언론을 통해 일방적으로 '알려지는 데' 치중한다고 볼 수 있다.[1)]

이러한 관점에서 광고는 특정한 상품 및 서비스가 존재하고, 특히 이윤 극대화가 목적일 때 필요하며, 홍보는 좀 더 거시적이고 간접적이며, 관공서나 공공기관 등과 같이 소비자를 포함한 대중과의 관계 형성을 위해 활용된다. 그러므로 관점에 따라 홍보가 광고보다 좀 더 넓은 개념이 될 수도 있으며, 특히 최근의 기업 홍보 활동은 광고와 유사하기도 하여 그 구분이 모호한 경우도 종종 있다.

(2) 광고 · 홍보와 미디어

광고 · 홍보 기획에서 우선 고려해야 할 점은 미디어의 선택이다. 이는 텔레비전, 라디오, 신문, 잡지라는 기존의 4대 매체뿐 아니라 웹, 애플리케이션 등의 뉴미디어와 지하철, 버스, 건물 등의 옥외광고 그리

1) 한편 이들과 유사한 용어에는 공중에 대한 인식과 그들과의 양방향 커뮤니케이션이라는 관점을 강조하는 PR(public relations), 주로 정치적이고 이념적 목적 달성을 위해 활용되는 선전(propaganda)도 있다.

고 포스터, 브로셔 등의 인쇄 매체 등이 있다.[2)]

각 미디어는 그 유형에 따른 특성이 있다. 우선 텔레비전은 아직까지도 광고 · 홍보의 강력한 매체로 인식되고 있고, 시청각에 소구되며, 노출 범위도 넓은 편이고, 주의집중도 또한 다른 미디어에 비해 높다는 장점이 있다. 다만 높은 생산 비용과 메시지 수명이 짧다는 단점이 있다. 라디오는 낮은 비용과 세분화된 청취자 집단을 가지고 있다는 장점이 있기는 하나 주의력이 그리 크지 않고, 최근 들어 점점 노출 강도가 낮아진다는 단점을 들 수 있다. 신문의 경우, 지역권별로 활용도와 신뢰도가 높은 편이지만, 점점 그 이용자 수가 줄어들고 있으며, 표현의 방법이 제한되어 있는 편이다. 또한 독자가 노출을 통제할 수 있다는 점은 신문의 장점이자 단점이기도 하다. 잡지는 다양한 인구통계학적 선별도에 따른 활용이 가능하지만 광고 · 홍보 게재를 위한 대기 소요 시간이 길다는 단점이 있다. 웹과 애플리케이션 등의 뉴미디어는 상호작용성의 극대화가 가능하며, 다양한 표현 방법을 활용할 수 있고, 개인화가 극대화된 미디어라는 점에서 맞춤형 메시지 전달도 가능하다. 특히 SNS, 블로그 그리고 카페 등과 같은 다양한 커뮤니티를 활용할 수 있다는 장점도 있다. 하지만 이러한 부분이 단점으로 지적될 수도 있는데, 개인정보의 노출과 과도한 경쟁 등으로 인한 부작용도 지적

---

2) 이들 중에서 4대 매체와 뉴미디어 광고는 ATL(above the line) 마케팅으로, 그 외의 것은 BTL(below the line) 마케팅으로 분류하기도 한다. ATL은 면대면 마케팅이 아닌 비대인 마케팅으로 일방적인 정보 전달 방식을 특징으로 한다. 이에 반해, BTL은 쌍방향 커뮤니케이션 혹은 직접적인 체험을 강조한다. 따라서 BTL에는 ATL 이외의 미디어뿐만 아니라, 다양한 이벤트 및 프로모션도 포함된다. 한편 인터넷 및 뉴미디어 그리고 최근의 SNS 등을 활용한 마케팅은 쌍방향 소통을 가능케 하기 때문에 일부 전문가들은 마케팅 방식을 ATL과 BTL로 단순히 구분하기 어렵다고 주장하기도 한다.

된다. 옥외광고의 경우 반복적인 노출도가 높고 상대적으로 저비용이라는 장점이 있으나, 지역과 소비자의 선별에 따른 한계도 있다. 포스터와 브로셔 등과 같은 인쇄 매체도 저비용이라는 장점이 있으나, 그에 따른 과대 경쟁도 지적되며, 수명이 짧은 편이고, 물리적 훼손 등의 위험도 있다.

따라서 미디어 선정에 따른 광고 · 홍보 기획이 각기 달리 나타날 수 있지만, 그럼에도 불구하고 공통적으로 고려해야 할 사항은 존재한다. 이는 결국 예산과 연관된 문제이기도 하다. 이에 따라 우선적으로 고려해야 할 것은 실질적으로 광고 · 홍보가 배포 및 노출되는 횟수와 시간이다. 또한 이러한 광고 · 홍보가 누구에게 노출되는가를 확인해야 한다. 이는 대중 전체에 대한 문제뿐 아니라, 타깃층을 중심으로 한 유효한 대상에 대한 고려를 의미한다. 다음으로 광고 · 홍보의 시기에 대한 문제이다. 즉, 어느 시점에 시작하여 언제까지 광고 · 홍보를 진행할 것인가에 대한 계획을 수립해야 한다. 이는 연속적으로 아니면 집중적 혹은 간헐적으로 노출할 것인지에 대한 문제를 포함하며, 이에 따른 시기별 · 날짜별 · 시간별 노출 방안을 고려해야 함을 의미한다.

5
기획의 완성: 실천 영역

1) 리서치와 그 방법

일련의 기획 단계에서는 조사 방법론이 요구된다. 환경, 시장, 소비자, 경쟁사 그리고 소재 및 광고 · 홍보에 이르는 기획의 모든 요소와 개념에 대한 자료 및 정보 조사가 필요하기 때문이다. 이렇게 보면, 기획은 정보 조사와 그것의 분석과 해석 그리고 재구성 과정을 통해 완성된다고도 볼 수 있다. 일반적으로 정보의 원천은 논문, 단행본, 신문, 잡지 등과 같은 간행물과 협회, 기업 정보, 연구소, 정부, 국제기관 등과 같은 기관, 그리고 전문가 등과 같은 정보의 원천으로서 사람으로 나열될 수 있다.

한편 일반적인 자료 조사 외에 시장과 소비자 그리고 경쟁사에 대한 조사 혹은 문화콘텐츠 기획을 위한 여러 지점에서 기획자가 직접 리

〈표 3〉 리서치 방법

정량적 조사(quantitative method)	정성적 조사(qualitative method)
하드 데이터(hard data): 조사 대상의 양적 측정 과정 - 정밀한 통계적 · 수치적 · 실험적 연구 - 통계학적으로 견본이 될 수 있는 표본을 대량으로 사용 - 모집단으로부터 선정된 부표본을 토대로 분석 가능한 정보 제공 가능 - 분석을 위한 일관된 기반 제공: 일정한 간격을 두고 조사를 반복할 수 있음 - '얼마나 많이'에 대한 답을 도출하는 과정	소프트 데이터(soft data): 조사 대상의 존재 이유를 이해하는 과정 - 인문학적 연구 - 특정한 형식에 얽매이지 않고 유연하게 질문할 수 있음 - 조사 대상 및 내용에 대한 깊은 이해 가능 - 합리적인 설명이 불가능하거나 피상적인 내용에 대한 심도 있는 답변을 얻을 수 있음 - 소비자의 독창적 아이디어를 이끌어내는 데 이용 가능 - '무엇을, 왜, 어떻게'에 대한 답을 도출하는 과정

서치를 하고 그에 따른 전략을 수립해야 하는 경우도 많다. 이와 연관하여 그 방법은 크게 정량적 조사와 정성적 조사로 나누어 살펴볼 수 있다.

(1) 서베이의 특징

정량적 조사의 대표적인 방법은 서베이 연구이다. 서베이의 가장 큰 장점은 규모가 큰 모집단의 특성을 설명하는 데 유리하다는 것이며, 그에 따른 체계적인 자료 습득이 가능하다는 점이다. 동시에 이는 다양한 방법을 통해 조사가 가능하다는 점에 비추어 상대적으로 시공간적 제약이 적다고 볼 수 있다. 또한 수집된 자료는 수치로서 정보가 추출되기 때문에 이를 이후 상황에 맞춰 응용 및 변형하여 활용할 수도 있다. 또한 수집되는 정보량을 고려해볼 때, 조사 비용이 상대적으로 적게 든다는 장점도 있다.

최근의 인터넷 및 뉴미디어 환경에서는 예전에 비해 그 비용이 더욱 적게 소요될 뿐만 아니라 조사자 및 대상자의 접근성도 용이해지고 있다. 하지만 설문에 의해 조사된다는 점에서 그 결과가 다소 피상적일 수 있으며, 그에 따른 사회적 맥락을 다루지 못하게 될 수도 있다는 점은 단점으로 지적된다. 즉, 다양한 환경에 의해 발생하는 소비자의 사회적 행동에 대한 측정이 어려울 수 있다. 이는 한정된 질문의 내용과 형식에 의해 나타나는 한계이기도 하다. 이와 동시에 피조사자의 성향과 태도에 따라 신뢰할 만한 결과 도출이 어려운 경우도 있다. 특히 서베이는 설문의 표현 방식이나 문항의 배열 등과 같은 설문지의 구성에 따라 결과가 왜곡될 소지도 있다. 이와 더불어 응답자가 거짓으로 혹은 성의 없게 응답하는 경우, 조사 결과를 신뢰할 수 없게 되기도 한다(김영석, 2006, 187-188쪽). 서베이 연구에서 중요한 것은 그 이후의 분석이다. 이후 설명할 각종 설문지는 조사를 위한 목적과 그에 대한 조사 수준이 고려되어 진행되어야 하는데, 이는 결국 조사된 표면적인 수준의 양적 데이터를 어떻게 해석할 것인가와 연관되기 때문이다. 이는 단지 빈도 조사만으로 그쳐서는 안 되며, 그러한 빈도들이 가지는 의미와 맥락적 해석이 진행되어야 함을 의미한다. 동시에 각각의 빈도나 수치 등은 해당 질문들과 다른 질문들과의 교차 분석 등을 통해 새로운 관련성을 유추하거나 표면적으로 나타나는 의미들을 추출하기 위한 과정으로 이어져야 한다.

(2) 서베이의 종류

서베이는 우편 서베이, 구두 서베이(전화 서베이, 직접 서베이) 등으로 나눌 수 있다. 우편 서베이는 상대적으로 저렴한 비용으로 다소 넓은 지역까지 조사가 가능하다는 장점이 있다. 하지만 회수율이 낮다는 단점이 있으며, 이를 극복하기 위해 상품 등을 대가로 제시하기도 한다. 또한 응답자와 질문자가 직접적으로 상호작용할 수 없기 때문에 특히 다른 서베이보다 설문지를 쉽고 읽기 편하게 만들어야 한다. 이와 유사하게 전화 서베이도 청취를 통해서만 조사가 이루어지기 때문에 질문이 너무 길거나 많으면 안 된다. 특히 시각적 설명이 불가능하다는 것은 전화 서베이의 가장 큰 단점이기도 하다. 직접 서베이는 이와 정반대로 질문자와 응답자가 '함께 있기' 때문에 민감한 질문이나 개인적인 문제에 대해 좀 더 고려할 필요가 있다. 또한 '함께 있다'는 점에서 질문자의 용모, 나이, 성별, 복장, 비언어적 행동 등이 양질의 응답에 영향을 미치기도 한다.

(3) 설문지 작성의 일반적 원칙

서베이는 설문지 작성에서 시작된다. 일반적으로 설문지 작성에 대한 유의사항은 다음과 같다(Wimmer, R. D. & Dominick, J. R., 1994, pp. 111-113). 우선 질문을 만들기 전에 조사자는 조사 혹은 연구 목적이 무엇인지 명확하게 이해하고 있어야 한다. 이를 통해 질문의 양과 질이 결정되기 때문이다. 질문에 대한 우선적인 고려사항은 질문이 명확하고 구체적이어야 한다는 것이다. 가령, '축제에는 왜 왔나요?'라는 추상적인 질문보다는 '지난 1년간 방문한 축제 중 가장 재미있었던 축제는 무엇인가요?'와 같이 무엇을 묻는지에 대해 응답자가 정확하게 알 수 있는 질문으로 구성되어야 한다. 이를 위해서는 전문용어, 약어, 과장된 언어 그리고 이중적 의미를 가진 질문은 금해야 한다. 또한 설문은 짧게 만들어야 한다. 왜냐하면 응답자는 대체로 서둘러 답하는 것이 일반적이며, 동시에 응답자는 조사자와 달리 질문을 쉽게 이해하지 못할 수도 있기 때문이다. 다음으로 연구 목적을 염두에 두어야 한다. 특히 직접적 관련이 있는 항목들만 수록하고 장기적 활용 혹은 추가 이용을 위한 질문은 금지한다. 다음으로 이중적 질문도 삼가야 한다. 예를 들어 '국립중앙박물관은 교육적이고 재미있다는 의견에 동의하십니까?'와 같은 질문은 금지되어야 한다. 또한 편견이 개입될 소지가 있는 단어나 어휘도 배제되어야 한다. 가령 '휴일에 당신은 영화관에 갑니까? 아니면 "그냥" 집에서 머물겠습니까?'와 같은 질문은 금물이다. 이와 비슷하게, 유도질문 또한 금지되어야 한다. 예를 들어 '대부분의 한국인처럼 당신도 클래식 공연이 지루하다고 생각하십니까?'와 같은 질문은 배제되어야 한다. 그리고 '지난 한 달간 당신이 본 인터넷 배너 광고의 수는 얼마나 되나요?'와 같은 상세한 정보를 질문해서는 정확한 설문조사가 어렵다. 마지막으로 당혹스러운 질문은 금지되어야 한다. 가령 성생활, 마약 복용, 전과 이력 등의 질문은 응답자가 답하기 쉽지 않다.

설문지는 이러한 유의사항을 전제로 작성되는데, 우선 설문 문항은 쉬운 설문부터 시작하여 복잡하고 어려운 질문의 순서로 이어져야 한다. 따라서 연령, 성별 등과 같은 기본적인 인구통계학적 질문부터 진행된다. 설문의 종류는 크게 개방형 설문과 폐쇄형 설문으로 나뉜다. 이에 대한 특징과 작성 시 유의사항은 다음과 같다(김영석, 2006, 169-176쪽).

(4) 개방형 설문과 폐쇄형 설문

우선 개방형 설문은 주관식 질문과 유사하다. 이는 예비자료 획득에 도움을 주며, 심층적인 응답을 기대할 수 있다. 예를 들어, '당신은 어떤 종류의 축제를 좋아하십니까?'와 같은 질문에서 응답자는 자기 의견을 마음대로 진술할 수 있다. 하지만 이는 응답을 정리하는 데 많은 시간이 소요되며, 분석 과정에서 조사자의 주관적 판단이 개입할 위험도 있다.

폐쇄형 설문은 일련의 보기를 제시하고 응답자가 이를 선택하도록 하는 것이다. 쉽게 말해, '당신은 어떤 종류의 텔레비전 프로그램을 좋아하십니까? ① 드라마 ② 보도 및 뉴스 ③ 예능 ④ 스포츠'와 같은 사례이다. 폐쇄형 설문의 특징은 수량화가 가능하고 응답하기 쉬운 장점이 있으나, 중요한 응답 항목을 누락시킬 우려도 있다. 이를 방지하기 위해 '기타' 항목을 삽입할 필요가 있다. 또한 폐쇄형 설문은 부수설문을 활용할 수도 있는데, 이는 응답자 중 일부 사람에게만 해당하는 질문이며, 특정한 답을 선택했을 경우 또 다른 설문 문항에 응답하도록 하는 방법이다.

(5) 폐쇄형 설문의 유형

이러한 특징을 가지는 폐쇄형 설문에는 몇 가지 유형이 있다. 우선 이분법적 혹은 양자택일 설문이다. 이는 '예', '아니오' 혹은 '찬성', '반대'의 사항에 대해 응답하는 것인데, 이것의 약점은 '정도' 파악에 어려움이 있다는 것이다. 앞서 제시한 사항이 일반적인 선다형 설문인데, 여기서 중요한 점은 응답자가 선택할 항목들이 고갈적이며, 상호배타적으로 작성되어야 한다. 다시 말해, 응답자가 단 하나의 응답만 선택할 수 있어야 한다.

평가척도 설문은 '매우 좋음, 좋음, 보통, 안 좋음, 매우 안 좋음'과 같은 보기를 제시한다.

순서 매기기 설문은 '다음에 제시된 축제 중 가장 성공적이었다고 생각되는 것을 순서대로 순위를 매겨주십시오'와 같이 대상에 대한 인식을 조사하고자 할 때 유용한 방법이다.

연명부식 설문은 '이후에 축제를 가게 된다면 어떤 점을 고려하겠습니까? 해당 사항에 모두 응답하십시오. 가격, 거리, 숙박업소, 음식, 휴게 시설, 기념품, 기타'와 같은 패턴으로 작성된다.

마지막으로 빈칸 채우기식 설문은 성공 모델 및 광고의 효과를 분석하기 위해 주로 활용되는데, 예를 들어 '새로 출시된 N사의 게임 이름은 ○○이며, 그 특성은 ○○과 ○○이다'와 같은 형식으로 구성된다.

(6) 설문지 작성 시 유의사항

좋은 설문을 만들기 위한 유의사항은 우선 인사말에 신경 써야 한다는 점이다. 이는 짧고, 사실적이고, 신중하고, 중립적 그리고 명확성의 원칙이 지켜져야 한다. 또한 지시사항을 주의 깊게 작성할 필요가 있다. 예를 들어 조사 시간, 조사 성격, 목적, 자료에 쓰이는 곳, 신뢰성(비밀 보장), 응답 방법 등 응답자가 궁금해할 만한 것들을 세밀하게 제시해야 한다. 그리고 설문 순서에도 유의할 필요가 있다. 왜냐하면 설문 순서에 따라 응답자가 편견을 가질 수 있기 때문이다. 이와 더불어 비슷한 주제에 대한 설문은 같이 묶어서 제시해야 한다는 점도 염두에 두어야 한다. 마지막으로 레이아웃과 설문지의 길이를 고려하여 응답자가 쉽고 명확하게 응답할 수 있게 하여 응답의 완성도를 높여야 한다.

(7) 집단토론

다음으로 정성적 조사에 대해 살펴보자. 우선 집단토론은 7~12명이 한 곳에 모여 자신의 개인적인 경험이나 태도 및 생각을 교환하고 현안에 대해 토론하는 것이다. 여기에는 특정 시장, 브랜드는 물론이고 다양한 주제와 관련하여 진행될 수 있다. 집단토론의 특징은 우선 구성원 간의 상호작용에 대한 유도가 가능하며, 소집단, 확장집단, 재소환집단(일정 기간을 두고 열리는 두 번의 토론에 참가하는 방식) 그리고 대립집단 등의 방법으로 다양하게 활용할 수 있다는 점이다. 하지만 사생활 같은 개인적인 주제는 토론이 원활하게 이루어지지 않을 수 있다는 점도 유의해야 한다.

(8) 심층면접

심층면접은 특정한 구성원(들)을 선정하여 주제 및 현안에 대한 그(들)의 선호도, 이유, 의견, 가치를 확인하거나 동기 혹은 경험 등을 경청하는 방식이다. 심층면접의 장점 중 하나는 질문에 대한 답변뿐 아니라 이와 관련된 부가정보 또한 습득할 수 있다는 것이다. 또한 응답자에 대한 비언어적 반응도 관찰하면서 그에 따른 응답자의 의견을 보완할 수도 있다. 그러나 결과에 대한 일반화에는 무리가 따를 수 있다는 단점도 있다. 특히 구성원이 복수일 경우, 이를 FGI(focus group interview)라 하는데, 여기서 중요한 것은 사회자의 역할이다. 사회자는 개인적인 의견 개진을 삼가며, 특정한 방향으로 논의가 진행될 경우를 대비해야 한다. FGI는 참가자가 타인의 견해에 대해 자신의 견해를 덧붙임으로써 눈덩이 효과를 낳을 수 있는 장점을 가진다.

(9) 참여관찰

참여관찰은 공개와 비공개 원칙을 명확히 하여 진행하는데, 이는 특히 서베이나 면접 등이 어려운 이들을 대상으로 할 수 있다. 예를 들어 어린이나 환자 등에 대해서도 조사가 가능하다. 하지만 참여관찰은 관찰자의 인식과 판단 그리고 선입견 개입이 우려되기 때문에 객관적인 관찰과 윤리성이 요구된다. 또한 관찰 대상자가 관찰에 대한 반작용을 낳을 수 있다는 점도 유념해야 한다.

결국 정성적 조사에서는 정량적 조사와 달리 표본의 크기가 중요한 것이 아니라, 심도 있는 질문과 오랜 관찰을 통해 정보를 분석하는 데 목적이 있다.

이외에도 인문학적 조사 방법이 있다. 이는 인문학(문학, 사학, 철학)의 주요 개념 혹은 이론들을 토대로 그에 따른 사회의 주요 현상이나 대상을 조사하는 방법이다. 여기에는 문화연구, 구조주의, 기호학, 역사연구 등의 방법이 있다. 이들은 문화콘텐츠 기획 영역에서 사실 앞서 언급한 서베이나 인터뷰 등과 같이 직접적인 조사 방법이라기보다는 그러한 조사를 통해 얻어진 결과를 해석하고 개념화하는 데 활용된다. 따라서 이러한 조사 방법은 '필드'에서 직접 조사를 하기 위해 활용하기보다는 그러한 조사 자료를 검증하고 구체화하는 데 도움을 줄 수 있다.

2) 기획서 작성

기획서 작성은 기획 입안이 끝나면 진행된다. 앞서 논의한 기획의 각 단계는 결국 기획서로 정리되어 문서화된다. 기획서를 '기획서답게'

만드는 핵심은 설득력과 표현력을 어떻게 강화하는가와 연관된다. 기획서는 상대방이 채택하도록, 혹은 상대방을 설득하고자 하는 분명한 목적이 있으며, 구체적이고 명확하게 표현되어야 하는 문서이다.

(1) 기획서에서 설득력의 문제

우선 설득력에 대한 문제는 기획 내용이 사실과 논리에 입각해야 한다는 것과 연관된다. 여기서 가장 먼저 고민해야 할 문제는 타이틀, 즉 기획서 제목의 선정이다. 타이틀 · 제목은 기획서의 첫인상이자 앞으로 제시될 내용에 대한 암시로서, 이를 통해 사실과 논리가 진행되기 때문이다.

실제 기획 내용을 작성함에 있어 우선적으로 강조되어야 할 사항은 현장의 사례가 적절하게 활용되어야 한다는 것이다. 이는 동종 업계 · 기업, 선진 기업, 해외 성공 사례 등을 통해 제시될 수 있다. 이와 더불어 인터뷰나 신문 기사 등을 활용하여 실제 현장의 사례도 제시할 수 있다.

논리의 문제는 수치화하여 보여줄 때 가장 효과적이다. 기획서는 에세이나 소설 같은 정서적인 글쓰기 혹은 문학 작품이 아니기 때문에 통계 등의 수치를 통해 객관성을 높여야 하는 것이 관건이다. 이외에도 설득력을 높이기 위한 방안 중 일반적이지 않고 의외성을 활용하는 경우도 있다. 이는 자주 사용하는 것은 아니지만, 문답식 표현이나 광고 카피 등과 같은 표현을 통해 내용을 제시하는 것을 의미한다. 하지만 이는 말 그대로 '의외성'이며, 이러한 방법이 돋보이기 위해서는 기본적으로 논리적인 '문장력'으로 승부해야 한다. 이렇게 본다면, 설득력의 문제는 내용적인 측면에서 기획서가 채택되어야 할 이유와 근거에 대한 사항들을 어떻게 치밀하고 세심하게 제시하는가에 대한 고민으로 이어진다.

(2) 기획서에서 표현력의 문제

표현력의 문제는 이해하기 쉬워야 하면서도 정확하고, 그와 동시에 독창성이 있어야 함을 의미한다. 우선 가장 기본적인 문제는 '글자'에 대한 것이다. 글자 크기, 글꼴, 정렬 방식 등 이에 대한 원칙이 정해져 있는 것은 아니다. 하지만 중요한 것은 상대방이 신뢰할 수 있고, 보기 편하도록 해야 한다는 점이다. 정확성에 대한 문제는 주술 구조의 명백함, 비문, 맞춤법, 동어 반복 등에 유념함은 물론이고, 한자, 영어 등의 외래어 및 외국어에 대한 조정, 비즈니스 용어의 사용, 꼬리말 표시, 일관성 있는 표현 등의 사항을 고려해야 함을 의미한다.

한편 기획서는 글자뿐 아니라 시각적 표현 혹은 텍스트의 시각화를 통해 좀 더 이해하기 쉽게 제시되기도 한다. 이는 표, 그림, 일러스트, 사진, 그래프, 지도 등의 활용을 의미하는데, 가장 중요한 원칙은 요점, 강조, 이해의 촉진을 위해 적절하게 동원되어야 한다는 것이다. 과도한 시각적 표현들은 오히려 집중도를 떨어뜨리거나 내용 전달이 어려워질 수도 있다는 점을 유념해야 한다. 결국 표현력의 문제는 원칙 있는 포맷을 통해 통일성이 있어야 하지만, 동시에 기획자의 개성이 잘 드러날 수 있도록 연출되어야 함을 의미한다.

(3) 읽히는 기획서

설득력과 표현력 외에 기획서 작성에서 중요한 일반적인 사항들도 있다. 우선 '읽히는 기획서'가 되도록 작성되어야 한다. 이를 위해 기획서 또한 일종의 '콘셉트'가 필요하며, 그에 따른 '기획서 시나리오'를 토대로 제시되어야 한다. 다시 말해, 기획서는 그저 딱딱한 논리로만 제시되는 것이 아니라 그 논리를 '이야기'처럼 풀어낼 수 있어야 한다. 따라서 기획서의 앞부분에는 배경을 숙지시켜 기획 및 제안의 필요성을 제시하고, 이를 통해 해당 기획서가 어떠한 내용을 통해 어떠한 기대 효과를 가져오는지에 대해 먼저 기술할 필요가 있다. 즉, 결론부터 제시함으로써 앞으로 진행될 내용에 대한 이해를 촉진시켜야 한다.

또한 기획서에서는 일정과 비용, 그리고 가능하면 인력에 대한 문제까지 '한눈'에 볼 수 있게 제시되어야 한다. 이들은 결국 개별적인 계획들이 진행되기 위해 필요한 계획들이기 때문에 기획서의 실행 여부에서 가장 중요한 문제들이기 때문이다. 따라서 클라이언트의 입장에서는 경우에 따라 이들이 내용보다 중요하게 인식될 수도 있기 때문에 이들에 대한 사항들은 매우 정확하고, 신중하며, 읽기 편하게 기술되어야 한다.

이러한 논의를 통해 기획서의 목차는 일반적으로 '표지, 목차, 요약 · 개요, 기획 배경, 기획 목적, 기획 필요성, 여건 및 환경 분석(시장 · 소비자 분석, 벤치마킹), 추진 방향 및 내용(콘셉트, 소재 조사, 기술 전략, 대상 분류 및 경험 설계, 디자인), 기대 효과, 추진 일정, 예산, 역할 분담, 홍보 전략, 자문 검수 및 리스크 관리 방안, 참고문헌'의 순으로 제시될 수 있다.

3) 프레젠테이션 방법

프레젠테이션(presentation, pt)은 기획의 꽃이자 기획서 작성의 뒷공정이다. 일반적으로 기획 · 제안의 채택 여부는 아이디어, 기획서 그리고 프레젠테이션이라는 이 세 지점 중 하나에서 결정된다. 이러한 상황에서 최근 들어 프레젠테이션의 중요성은 점점 커지고 있다. 이는 기획이라는 과정이 결국은 사람을 상대로 한 설득 과정이라는 점에서 기인하는데, 프레젠테이션은 대면을 통한 강력한 설득 수단이기 때문이다. 이는 문서를 통해 설득하는 과정과는 전혀 다른 방식의 커뮤니케이션을 요구한다는 점에서 특히 그러하다. 따라서 프레젠테이션은 일종의 설득 퍼포먼스로 이해될 수 있다.

(1) 기획서와 프레젠테이션의 차이점

이렇게 보면, 프레젠테이션 또한 기획서와 마찬가지로 클라이언트를 설득하기 위해 기획자에게 주어지는 기회이자 방법이라 할 수 있다. 하지만 기획서와 프레젠테이션은 분명하게 차이점이 존재한다. 기획서의 내용 전달 방법이 단방향적이며, 그에 따른 전달 효과도 제한적인 데 반해, 프레젠테이션은 양방향적이며, 결과를 예측하기 어렵거나 강력한 효과를 가진다. 다만 기획서는 상대적으로 시공간의 제약이 없는 데 반해, 프레젠테이션은 정해진 시간과 공간에서 진행된다는 측면도 있다. 또한 기획서는 문자 언어 위주의 커뮤니케이션이지만, 프레젠테이션은 음성 언어 중심이라는 차이점도 있다. 따라서 프레젠테이션에서는 기본적으로 음성 언어의 활용과 더불어 현장성을 어떻게 강화할 것인가가 중요한 문제이다.

(2) 프레젠테이션에서 언어의 문제

프레젠테이션에서는 발표자가 주제에 대한 확신과 더불어 상황 통제력 및 위기 대처 능력 그리고 성실성을 보여주어야 한다. 이 과정에서 목소리는 청중과 기획자를 이어주는 주된 매개체이자 수단이다. 따라서 목소리의 크기, 목소리의 톤, 속도 등에 기본적으로 유념할 필요가 있다. 또한 '에, 음, 어' 등의 군말은 사용 금지다. 군말은 의외로 실제 프레젠테이션에서 차지하는 시간이 꽤 길 뿐만 아니라, 청중으로 하여금 프레젠테이션 내용 집중을 방해하는 요인이 된다. 그렇다고 하여 기계적으로 본문만 읽는 프레젠테이션이 되어서도 절대 안 된다. 프레젠테이션은 '읽는 것이 아니라 말하는 것'이기 때문이다. 따라서 실제 발표 자료에 쓰여 있지 않은 배경 설명, 사례 제시, 보충 등을 통해 프레젠테이션에 생동감을 줄 필요가 있다.

프레젠테이션 진행에서 많이 지적되는 사항 중 하나는 서론이 너무 길어 시간 배분을 제대로 하지 못하는 경우이다. 프레젠테이션에서 시간 엄수는 매우 중요한 제한조건이기 때문이다. 따라서 서론은 짧고 명료하게 끊고, 바로 본론으로 들어가야 한다. 이와 연관하여 메시지 전달에서는 결론부터 제시하고 이에 대한 보충설명을 하는 것이 좋다. 또한 적당한 유머나 질문 등을 통해 청중으로 하여금 발표자에게 집중하도록 하고, 단조로운 프레젠테이션이 되지 않도록 한다. 이 경우 유념해야 할 점은 예의를 잃지 않는 것이다.

이외에 유의해야 할 사항은 부사 및 형용사의 남발 자제, 유행어 및 비속어의 사용 금지, 잦은 외국어 및 외래어의 사용 금지, 자신감 없는 표현 금물, 말끝 흐리기 자제, 동어 반복 금지 등이 있다.

(3) 프레젠테이션에서 비언어의 문제

한편 프레젠테이션에는 음성뿐 아니라 비언어적인 커뮤니케이션도 중요하다. 대표적인 것이 시선 처리인데, 자료나 화면 혹은 특정한 인물이나 지점만 보고 발표하지 말고 청중을 두루 살피면서 프레젠테이션이 진행되어야 한다. 특히 청중 중 최종 결정권자를 확인할 수 있다면, 그 사람의 반응과 태도를 살피고 그에 따른 프레젠테이션을 진행하는 것도 중요하다.

또한 너무 딱딱하거나 흐트러진 자세도 삼가야 하며, 몸으로 화면을 가리고 발표해서도 안 된다. 이를 위해 발표 자리를 의도적으로 정할 필요가 있다. 표정 또한 환히 웃거나 그와는 정반대로 무표정한 것도 좋지 않으며, 메시지에 따라 단호하거나 진지한 표정을 연출할 필요가 있다. 손동작(터치), 공간 움직임 등도 적절하게 활용되어야 하며, 특히 의미 없는 반복된 동작과 목적에 반하는 도구 · 물체의 사용도 금지되어야 한다. 덧붙여, 복장과 액세서리 등도 상황에 맞게 신경 쓸 필요가 있다.

이러한 논의들을 종합하여 완벽한 프레젠테이션이 진행되도록 하기 위해 반드시 리허설을 해야 한다. 리허설을 통해 시간을 조정하고, 자료를 수정하거나 이야기의 흐름을 변환할 수도 있다. 여기에 덧붙여 프레젠테이션 시간은 정해진 시간보다 약간 빨리 마치는 것이 좋다. 왜냐하면 정시에 프레젠테이션이 끝나게 되면 오히려 다급해 보이고, 특히 중간에 돌발상황이 생길 가능성도 염두에 둘 필요가 있기 때문이다. 그래도 프레젠테이션 마지막에는 기획 내용 중 가장 중요한 강조점 · 장점을 반복하는 것도 잊지 말아야 한다.

리허설과 더불어 프레젠테이션에 들어가기 전에는 장소 확인도 필수이다. 해당 프레젠테이션 장소에서 컴퓨터 및 노트북, 마이크, 프로젝터, 각종 소프트웨어, 비디오 · 오디오의 상태는 물론 자료 배포 여부와 레이저포인트 및 지시봉 지참도 확인해야 한다.

또한 보조자를 두어 발표자가 직접 자료를 넘기지 않도록 하는 것도 중요하다. 왜냐하면 발표자는 청중에게 집중해야 하기 때문이다.

한편 발표자의 프레젠테이션 이후 질의응답 과정에서 의도적으로 적대적인 질문을 하는 경우도 있는데, 이때는 그 질문에서 지적된 결점에 대한 지엽성을 지적하고 동시에 그것이 더 큰 목표를 위해 필요한 희생임을 밝힐 필요도 있다. 이를 위해 질문지를 작성하여 예상 질문에 미리 대처할 필요도 있다.

마지막으로, 프레젠테이션이 끝난 후에도 일종의 사후관리 과정이 필요하다. 실수가 있었다면 이를 반성하고 이에 대한 보완책을 마련해야 한다. 기획서 및 이와 관련된 각종 자료 및 문서들도 다시 한번 검토하고 목록화해야 한다.

참고문헌

김영석(2006). 《사회조사방법론》. 파주: 나남출판.

Bono, E. de (1985). *Six thinking hats*. 정대서 역(2011). 《생각이 솔솔 여섯 색깔 모자》. 서울: 한언.

Kolb, B. M. (2000). *Marketing cultural organisations*. 이보아 외 역(2004). 《문화예술기관의 마케팅》. 파주: 김영사.

Riley, P. G. (2002). 《*he One-Page Proposal*. 안진환 역(2002). 서울: 을유문화사.

Vangundy, A. B. (1995). *Brain Boosters for Business Advantage*. 정인태 역(2005). 《두뇌 증폭기》. 서울: 커뮤니케이션북스.

Wimmer, R. D. & Dominick, J. R. (1994). *Mass media research: an introduction*. Belmont, Calif.: Wadsworth.

西田徹(2003). 説得できる企画・提案200の鉄則 相手の行動変革を促す知的生産はこう実践する. 김혜숙 역(2005). 《기획 제안서 작성기술 200》. 서울: 길벗.

III

문화콘텐츠
경영과
문화 정책

1
문화콘텐츠 경영이란 무엇인가

1) 문화콘텐츠 경영의 정의

경영(經營)이란 조직이나 일을 관리하고 운영하는 것을 의미한다. 따라서 경영은 조직(사람)과 일(노동)의 관계 속에서 생산물을 완성하는 데 필요한 조정 과정 전체라 할 수 있다. 이러한 관점에서 보면, 문화콘텐츠 경영은 다양한 문화 활동으로부터 기대할 수 있는 긍정적 혹은 부정적 영향에 대해 분석하는 작업을 말한다. 다시 말해, 문화 활동으로부터 파생되는 이익 창출 과정과 문화 활동에 소요되는 비용 요소를 분석하고 이를 관리하는 것이다(곽수일, 2004, 375쪽). 하지만 문화콘텐츠 경영이 반드시 경제적 이익을 위한 목적으로만 진행되는 것은 아니다. 이는 후술하겠지만, 공익적 목적을 위한 문화콘텐츠 경영도 가능하기 때문이다. 그럼에도 불구하고 문화콘텐츠 경영에서 중요한 점은 해당 과업을 수행하기 위한 인적 및 물적 자원의 효율적이고 효과적인 배분과 활용이 필수이다.

(1) 문화콘텐츠 경영의 관점들

문화에 대한 운영과 관리의 문제라고 하여 문화콘텐츠 경영이 모든 문화적 활동에 대한 경영을 의미하는 것은 아니다. 문화콘텐츠 경영은 문화 생산자와 문화 소비자가 명확히 존재할 때 가능한 과정이다. 다시 말해, 개인의 일상적인 맥락에서 나타나는 문화 창조 활동은 문화콘텐츠 경영의 대상이 아니다. 물론 개인들의 문화 창조 활동의 증진 또한 문화 정책적 관점에서 보면 중요한 과정이기는 하다. 하지만 그러한 문화 정책 또한 직접적인 문화 향수(享受)의 수혜자가 특정한 개인을 의미하기보다는 국민이나 시민이라는 관점에서 특정한 개인적 욕구가 중요시되기보다는 국민적 편익과 복지가 더 강조된다. 비슷한 맥락에서 문화콘텐츠 경영은 모든 문화적 생산물을 의미하는 것이 아니라, 생산과 소비의 시스템 속에서 파생되는 문화적 재화나 서비스에 대한 관리와 연관된다.

결국, 문화콘텐츠 경영은 다음과 같은 관점에 국한시켜 논의될 수 있다. 우선 문화콘텐츠 경영은 문화를 가능케 하기 위해 제도와 법, 경제 시스템 및 조직적 한정 조건을 만들어내는 과정과 연관된다. 두 번째로 문화콘텐츠 경영은 구체적인 문화 및 예술 생산물(예를 들어, 예술 작품이나 문화적 서비스 및 사업의 형태)이 도출되도록 혹은 도출되는 과정을 조정하는 관점에서 논의된다. 마지막으로 문화콘텐츠 경영은 관객에게 문화 및 예술 생산물을 매개하는 과정을 포함한다(Heinrichs, 1999. pp. 27-28). 여기서 첫 번째와 두 번째는 문화 정책과 관련된 일련의 논의와 매우 유사하다. 그리고 세 번째는 문화콘텐츠 경영에 대한 포괄적이면서도 전략적인 관점이다. 특히 이는 마케팅과 부합하는 측면도 있으며, 그 과정에는 일련의 방법론들도 요구된다. 왜냐하면 첫 번째, 두 번째와 달리 세 번째 관점은 구체적인 문화콘텐츠라는 재화에 관한 비즈니스 전략을 수립하고 운용하는 차원이기 때문이다. 이는 비즈니스를 수행하는 조직이나 시스템에 대한 문제가 아닌 비즈니스 모델이나 전략 구축과 관계된다. 따라서 이에 대해서는 시장과 소비자에 대한 접근 측면에서 전략적 문화콘텐츠 경영이라는 논의를 통해 일부 다루며, 이후 문화콘텐츠 마케팅을 다루는 장에서 좀 더 구체적으로 제시할 것이다. 따라서 이 장에서는 첫 번째, 두 번째 관점에 초점을 둔 문화 정책적 차원의 문화콘텐츠 경영에 대해 논의하도록 한다.

(2) 문화콘텐츠 경영과 문화 정책

앞서 언급한 첫 번째, 두 번째 문화콘텐츠 경영에 대한 관점 — 문화콘텐츠라는 재화를 생산하고 유통시키기 위한 제도나 시스템을 구축하고 그것을 조정하는 것으로서 — 에 관한 일반론적 인식은 크게 두 가지 차원에서 논의가 가능하다. 첫 번째로 문화콘텐츠 경영은 문화 기관에 대한 경영 혹은 문화 기관을 경영하는 것이다. 이는 서구의 경우,

메디치 가문에서 예술에 대한 후원을 통한 인적 자원의 조성과 그들에 의한 문화적 생산물의 소장과 보존, 시민혁명 이후 본격적으로 건립되기 시작하는 박물관의 경영과 사회적 관심, 그리고 현대사회에 들어와 문화복지의 필요성 대두와 다양한 문화 기관들의 설립과 효율적 운영 요구 등의 배경에 기인한다. 두 번째 또한 이러한 첫 번째 배경과 연관되는데, 문화콘텐츠 경영은 문화예술 경영과 매우 유관하다. 앞서 언급한 첫 번째 배경에서 보듯, 문화콘텐츠 경영은 예술을 포함한 '문화를 가능케 하는 과정'으로서 필요하다는 것이 일반적이다. 그리고 여기에는 민간 문화 사업뿐만 아니라, 공익 문화 사업도 포함된다. 결국 문화콘텐츠 경영은 그 방점이 어디에 놓여 있건 간에 문화를 통해 어떠한 일을 수행하는 조직과 그 과업을 관리하는 과정을 의미한다.

이러한 관점에서 볼 때, 문화콘텐츠 경영은 문화 정책과 개념적으로 매우 유사한 점이 있다. 문화 정책이 사람들의 문화적 욕구 실현을 위해 정부와 공공조직이 수행하는 역할과 기능이라 한다면, 이는 결국 앞서 언급한 문화콘텐츠 경영과 결부되기 때문이다. 물론 문화 정책이 정부의 활동이라는 점에서, 그리고 문화 산업 정책, 예술 정책, 문화재 정책 등과 같이 세분화된다는 점에서 차이는 있지만, 실제로 그러한 문화 정책의 목표 또한 문화콘텐츠 경영의 관점에서 진행되기 때문이다.

이와 동시에 문화콘텐츠 경영이 '문화를 가능케 한다'는 점을 전제로 한다면, 공익 문화 사업 영역에서는 문화 정책적 목표를 구현한다는 것이며, 민간 문화 사업 영역에서는 이익을 목표로 한다(Heinrichs, 1999. pp. 20-21)는 점에 비추어 문화콘텐츠 경영과 문화 정책은 매우 밀접한 개념이다. 이렇게 본다면, 문화콘텐츠 경영이란 문화 기관이나 문화 사업을 통해 문화 활동가, 예술가 그리고 단체의 활동을 보증하여 그들의 문화적 창의성을 발휘할 여건을 조성하고, 그에 따른 문화적 생산물의 창조를 통해 대중의 삶에서 문화적 수준을 끌어올리는 일련의 과정을 의미하는데, 이 장에서도 이러한 관점에서 문화콘텐츠 경영에 대해 논의할 것이다.

2) 공공 문화 사업

공공 문화 사업은 국가 및 지방자치단체가 주체가 되어 진행하는 경우가 많기 때문에 문화 정책의 방향에 따라 그 지향점이 바뀔 가능성이 존재한다. 특히 국가 정책의 기조와 국내 · 외적 상황에 따라 관련법과 시행령 그리고 예산과 정책이 결정되기도 한다. 이러한 상황은 공공 문화 사업이 필수적으로 시행되어야 할 의무를 가지지 않는다는 것을 의미하기 때문에 예산 또한 여타 사업들과 달리 매우 가변적으로 편성된다. 최근 들어 문화에 대한 주목도가 점점 커지게 됨으로써 그에 대한 인식이 바뀌고 있다. 특히 공공 문화 사업이 지방자치단체의 경제적 가치 창출에 도움을 줄 수 있다는 점에서 이에 대한 중요성은 점차 커지고 있다. 공공 문화 사업은 다양한 사업 영역에서 일자리를 창출하며, 그에 따른 부가적인 생산성을 가지고 있다. 동시에 공공 문화 사업은 결국 지역의 브랜드 가치 상승과 그에 따른 지역 마케팅의 일환이 되기 때문에 외부로부터 투자와 관광객을 유치 및 확대할 가능성으로 연결된다. 하지만 이러한 변화상과 그 효과로 인해 공공 문화 사업이 오히려 선거 등의 목적을 위해 정치적으로 활용되는 사례가 종종 나타나는 것 또한 현실이다.

일반적으로 공공 문화 사업의 영역은 국가 및 지방자치단체 산하의 축제 및 이벤트, 공원, 공연장, 박물관, 시민대학, 도서관, 공영방송 사업, 문화 재단 진흥 그리고 문화재 보호 등이 포함되며, 그 내용은 대개 문화유산의 보존과 전승, 다양한 영역에서 진행되는 행사 후원 및 예산 지원, 예술인 및 각종 문화 단체에 대한 교류 지원, 지역민에 대한 문화 교육 등과 같이 광범위하다.

최근 공공 문화 사업의 특징은 지방자치단체가 주체가 되어 사업을 진행하고 국가에서 보조금을 지원받는 형태가 점차 확대되는 모습을 보인다는 것이다. 지방자치단체가 진행하는 사업을 앞서 언급한 영역들을 토대로 다시 분류하면, 크게 문화시설, 문화행사 그리고 문화후원으로 나눌 수 있다(Heinrichs, 1999. p. 83). 여기서 특히 문화시설과 문화행사는 문화 정책을 위한 문화 기반의 주요 영역이며, 선진국들은 이러한 문화 사업 영역을 문화 정책의 기반으로 인식하고 정책을 시행한다.

(1) 문화시설

우선 사업으로서 문화시설은 일반적으로 박물관, 미술관, 공원, 각종 문화 관련 교육 시설 등의 '하드웨어'는 물론이고, 좀 더 확장하여 문화 유적 현장 등과 같은 특정한 장소도 포함된다. 문화시설이 가지고 있는 장점은 문화적 '장소' 혹은 '(기)구축된 시설'이라는 인식으로 인해 다양한 예술가들과 문화 사업 종사자들에 대한 직간접 지원이 가능하다는 것이다. 또한 그에 따른 문화예술의 창조와 보존 혹은 생산과 소비가 가능한 장소로서, 구성원들의 의사소통과 사회적 활동을 촉진할 수 있다는 특징도 있다. 이에 반해, 문화시설은 공간의 한계로 인해 그 규모가 작을 경우 수혜자들이 적을 수 있다는 단점도 있다. 즉, 인원에 대비한 비용이 크다는 것이 부담이 되기도 한다. 결국 문화시설은 장기간의 재원 수단 및 투자가 요구되기도 한다는 점에서 광역자치단체 등과 같이 규모가 큰 행정단위를 중심으로 사업이 진행되는 한계도 있다.

(2) 문화행사

문화행사의 경우, 다양한 공간에서 그에 따른 행사를 기획할 수 있다는 점에서 '소프트웨어'라는 유연한 특징이 있다. 경연대회, 학술대회 등과 같은 문화예술 창조 프로그램이나 축제, 박람회, D/B 구축, 미디어 이벤트 등과 같은 각종 교류 프로그램, 그리고 문화 활동 참여 유도 프로그램 등과 같이 다양한 차원에서 제시될 수 있다. 이는 이를 지원 및 운영하는 인력에 대한 편성도 문화시설만큼 '무겁지' 않으며, 좀 더 적은 고정비용을 통해 진행할 수 있는 장점으로 연결된다. 그럼에도 불구하고 문화적 '장소'가 없다는 것은 단점으로 지적될 수 있다. 고정된 장소가 없기 때문에 인력에 대한 지속적인 동질화가 적으며, 특히 다양한 상황에서 발생하는 재정 변동 요인으로 인해 연속성의 문제가 제기될 수도 있기 때문이다. 이러한 문제를 해결하기 위해 앞서 언급한 문화시설에서 문화행사를 진행하는 등의 상호적 관계를 구축하는 것이 일반적이다.

(3) 문화후원

문화후원은 개인이나 단체 등에 대한 인적 · 물적 후원을 의미한다. 문화후원은 공공 영역이기는 하지만 다양한 민간 영역과의 교류를 통해 진행될 수 있는 장점이 있기 때문에 좀 더 혁신적이고 창조적인 관점에서 이루어질 수 있다. 후원에는 문화예술 교육 프로그램 지원, 문화 관련 인적 네트워크의 조성 및 확충, 각종 문화 관련 단체에 대한 후원 등이 포함된다. 중요한 것은 후원이 연속성을 갖지 못하면 오히려 후원 주체와 수혜 주체 간의 신뢰가 깨질 수 있다는 단점이 있으며, 정치적 로비 등으로 인해 후원이 편향될 우려도 존재한다는 점을 인식할 필요가 있다. 이러한 후원은 다음에 제시하는 민간 문화 사업 중 공익적 민간 문화 사업과도 연관된다.

3) 민간 문화 사업

민간 문화 사업은 민간이 주체일지라도 공익적 성격이 강한 문화 관련 단체 및 협회 등이 있으며, 이와 달리 그 목적이 상업적이며 이윤 추구를 강조하는 상업적 문화 사업으로 나누어볼 수 있다.

(1) 공익적 민간 문화 사업

공익적 민간 문화 사업에 관한 활동은 음악, 미술, 체육, 의상, 문학 등 각종 협회 등이 중심이 된다. 이들은 문화 생산자 혹은 예술가들의 창조성 발현을 꾀하면서 지역민의 문화적 소양을 증대시키고 참여를 유도하기 위한 교육, 창작 등의 활동을 진행한다. 이들의 역할은 매우 중요하지만 공공 문화 사업의 일환인 문화 기관 등에 의해 지원금을 조달받아야 운영이 가능하기 때문에 실제 정책과 관련법의 영향을 크게 받는다. 이 부분에서 투명하고 공정한 지원이 지속된다면, 민간 공익 문화 사업은 공공 문화 사업에 비해 훨씬 더 유연하며, 자발적인 지역민의 참여 그리고 좀 더 실험적이고 창의적인 활동이 가능하다는 장점이 있다.

(2) 상업적 민간 문화 사업

이에 반해 상업적 문화 사업은 문화 사업 자체에 대한 생산성과 그에 따른 이익 창출이 주된 목적이기 때문에 수익성이 담보되어야 한다. 상업적 문화 사업은 앞서 언급한 문화 산업 혹은 여러 문화콘텐츠 영역의 형태로 나타날 수 있으며, 철저하게 문화경제학의 입장에서 합리성을 원칙으로 한 문화콘텐츠 경영을 인식하게 된다. 그러므로 상업적 문화 사업은 시장의 개념 및 원리에 입각한 수요 및 수요의 결정 요인, 공급 및 공급의 결정 요인 그리고 이들에 따른 가격 결정에 대한 문제가 매우 중요하다. 따라서 이들은 문화적 생산물이라는 개념을 특정한 인풋(비용)이 소요되었을 때, 얼마만큼의 아웃풋(판매 수익 등)으로 산출하는가에 대한 관점에서 접근한다.

결국 문화콘텐츠 경영의 핵심은 해당 문화 사업의 형태에 따라 목적과 그 과정이 다소 차이가 있지만, 문화적 가치의 증대라는 입장에서 문화를 조직과 시장의 관점에서 바라보고 이를 좀 더 효율적인 차원에서 다루고자 하는 일련의 방법과 그 효과에 대한 논의라 할 수 있다. 이에 대해서는 문화콘텐츠 경영을 둘러싸고 있는 여러 사회적 맥락과 연관 지어 살펴볼 수 있다.

2
문화콘텐츠 경영의 맥락

1) 정치적 조건

문화콘텐츠 경영의 정치적 조건은 결국 정책을 의미한다. 정책에 대한 문제는 이후 다루게 될 경제적 · 법적 조건과 매우 밀접하거나 혹은 선행하기도 하며, 이는 각국 및 국가 내에서도 국정 기조에 따라 달리 나타나는 특성을 보인다. 중요한 것은 법적 조건의 경우 정책과 매우 긴밀하며, 정책의 필요에 맞춰 법을 제정하고 그에 따라 해당 정책에 대한 시책의 근거를 마련한다는 점에서 정책과 법 · 제도의 문제는 동일한 관점에서 다뤄질 수 있다. 이러한 관점에서 이 절에서는 정치적 조건에 대해 정책 문제를 중심으로 하되, 이와 관련된 법률 근거의 관점에서 일부 법적 조건을 다루도록 한다. 그리고 이후 이어질 법적 조건에 대한 절에서는 문화콘텐츠 경영에서 특히 강조되는 특수한 법적 조건인 '저작권법'을 중심으로 논의할 것이다.

(1) 문화콘텐츠 경영과 문화 정책

문화콘텐츠 경영의 정치적 조건이 '정책적'이라는 것은 문화에 관한 행정적이고 제도적인 제반 사항과 문화를 통한 효과와 기능에 관한 일련의 논의가 수반됨을 의미한다. 이 과정에서는 문화 생산자와 소비자 외에 문화 활동에 대한 지원과 간섭을 관장하고, 문화의 기능과 효과에 대해 강조하는 공적 영역으로서의 정부가 강조된다. 문화 정책의 주체로서 정부는 문화에 대한 접근성, 형평성, 리더십, 합리성 등과 같은 개념들을 통해 문화를 경영의 대상으로 파악한다. 하지만 문화의 개념이 광범위하듯이 문화 정책 또한 매우 포괄적일 수 있다. 따라서 문화 정책은 해당 문화에 대한 강조점이 무엇이냐에 따라 문화 산업 정책, 예술 정책, 문화재 보호 정책, 지역 문화 정책 등으로 세분화되어 나타난다. 그리고 이를 어떻게 실행하느냐에 따라 문화콘텐츠 경영 과정이 진행된다. 이들은 공통적인 목적인 문화예술의 '발전'을 염두에 두고 있으며, 이를 통한 문화복지 증대와 지역 문화 발전, 국가 경쟁력 제고, 국민의 창의성 증대 등을 기대한다.

(2) 문화예술진흥법과 문화산업진흥기본법

한국의 경우 문화 정책의 근간이 되는 법은 '문화예술진흥법'과 '문화산업진흥기본법'으로 볼 수 있다. 이 둘의 가장 큰 차이점은 '문화콘텐츠 경영'이라는 관점에서 그 방점을 어디에 두는가를 통해 확인할 수 있다. 즉, '문화'를 좀 더 강조하여 이에 대한 공적인 역할과 특히 예술의 창의성과 가치 그리고 보존에 치중하는 것이 '문화예술진흥법'이다. 이에 반해, '경영'을 중심에 두고 산업적인 가치와 더불어 국민 경제에 도움을 줄 수 있는 다양한 문화 산업 및 문화콘텐츠 육성을 위한 근거가 되는 것이 '문화산업진흥기본법'이다.

중요한 것은 이 둘 모두 문화콘텐츠 경영의 관점에서 경쟁력 강화를 위한 근거로서 제정된 법률이며, 각 영역의 창작자 및 예술가 같은 개인은 물론이고, 해당 산업군의 국제 교역 확대와 그에 따른 글로벌화를 지향하고 있다는 점이다. 이를 위해 문화 및 예술 창작 환경 개선과 인력 양성을 지원하고, 각종 인프라를 구축하며, 민 · 관 · 학의 협력 체계를 마련해야 함을 강조한다. 결국 이러한 정책의 방향은 문화재 및 관광 산업 등을 포함한 일련의 문화예술 발전을 위함이며, 이를 통해 문화복지 실현과 그에 따른 개개인들의 삶의 질을 향상시키는 것을 목표로 한다. 이러한 법률적 근거와 연관하여 최근의 문화 정책은 문화 융성을 근간으로 하고 있으며, '문화가 있는 삶'을 정책 기조로 삼고 다양한 문화 관련 현장의 의견을 조율하여 인문 가치 정립, 전통문화의 생활화, 생활 속 문화 확산, 지역 문화 자생력 강화, 예술계의 자율적 창작 생태계 조성, 문화융합 모델 발굴 및 육성 지원, 문화가치의 국내외 확산, 아리랑의 재해석과 국민 축제화를 세부 실행 계획으로 삼고 있다.

2) 경제적 조건

문화콘텐츠 경영에 대한 이러한 문화경제학적 관점의 본격적인 논의의 시발점이 된 것은 1966년 보몰(William J. Baumol)과 보웬(William G. Bowen)이 저술한 《공연예술: 예술과 경제적 딜레마(Performing Arts: The Economic Dilemma)》라 할 수 있다. 이들은 미국의 연극, 오페라, 음악, 무용 등 다양한 공연예술을 중심으로 수요 구조와 공급 시스템을 실증적 분석 방법을 통해 제시한 최초의 학자들로 꼽힌다. 이들은 문화 영역의 창조성에는 분명히 시장성이 내포되어 있음과 동시에 그러한 관점에서 경제적 가치를 지니지만, 한편 제조업과 동일한 관점에서 접근하여 생산성을 증대한다고 하여 그러한 이익이 창출되는 것은 아니라고 주장한다(강웅선, 2004, 59-60쪽). 이는 문화콘텐츠 경영의 산출물인 문화콘텐츠가 기존의 제조업과 다른 경제적 속성을 가지고 있기 때문이다. 즉, 문화적 생산물(문화 산업 영역 및 문화콘텐츠, 예술 작품 등)들은 기본적으로 문화 지향적인 특성을 가지고 있기 때문에 문화 욕구를 지향하고 그에 따른 심리적 만족감 혹은 감성에 대한 자극이 중요하다. 이는 경험재의 관점에서 다양한 정보를 통해 혹은 자신의 과거 경험에 비추어 상품을 구입하게 되는 과정과 연관된다.

문화콘텐츠 경영에서 경제적 수익은 결국 문화적 가치에서 비롯

되기 때문에 경제와 문화는 별개로 볼 수 없고, 오히려 문화적 가치를 통해 경제적 가치가 창출되는 인과관계로서 파악해야 한다(권지혁, 2013. 15쪽). 결국 문화콘텐츠 경영에서의 경제적 조건은 생산과 소비 그리고 시장의 원리 속에 작동되는 것으로 한정지을 수 있지만, 이에 대한 이해는 문화에 대한 특성을 반드시 고려해야 가능하다.

문화콘텐츠를 포함한 일련의 문화적 생산물은 생성 자체를 위해 장기간의 노력이 요구된다. 특히 생산 기간은 물론이고, 인적 · 물적 자원의 투자에 대한 회수 기간도 오래 걸림을 의미한다. 특히 문화시설 등과 같은 생산물은 생성 초기에 대규모 비용이 소요되는 경우도 많다. 또한 상대적으로 인건비의 비중이 높은 특징도 있다. 제조업은 시간이 흐름에 따라 기술 개발이 이루어지거나 값싼 노동력으로 대신하여 인건비의 비중을 낮춤으로써 생산비의 절감이 가능하다. 하지만 문화 상품을 생산하는 데 필요한 노하우나 창의력은 대체가 불가능하다. 가령, 제조업 분야에서 20세기 초와 지금의 자동차 생산을 비교하면 생산력과 비용에서 현격한 차이가 있다. 하지만 판소리, 교향곡 등과 같은 공연 상품은 예전이나 지금이나 소요되는 노동력이 동일하다. 왜냐하면 이 노동력은 대체가 불가능하기 때문이다. 이로 인해 문화 상품의 가격은 제조업에 비해 상대적으로 높은 특성을 보인다. 게다가 문화적 생산물은 공공재적 특성을 가지고 있기 때문에 일부의 경우는 가격에 대한 평가가 아예 어렵거나 생산물 자체의 희소성으로 인해 소비가 원활하지 않을 수도 있다.

이러한 관점에 비추어, 문화의 경제적 특성은 수요와 공급의 관점에서 제조업과 비교하여 분명한 차이점을 보인다. 우선 수요의 측면에서 문화는 일반적으로 가격 탄력성이 적다. 가격 탄력성이란 가격의 변화에 따라 수요가 얼마나 크게 달라지는가에 대한 문제이다. 가격탄력성은 대체재가 있으면 커지고, 없으면 적어진다. 이에 대해서는 문화적 생산물의 종류와 소비자의 인식에 따라 달리 해석될 수 있다. 가령, '석굴암', '하회마을', '고흐의 해바라기' 등과 같은 문화적 생산물이 가지고 있는 문화적 가치를 대체할 수는 없기 때문이다. 반면, 영화의 대체재는 게임, 음반, 연극 등이 될 수도 있다. 이러한 대체와 비대체의 문제를 결정하는 것은 소비자의 '취향'이다. 다시 말해, 부르디외가 언급한 '아비투스(habitus)'가 명백히 작동된다면, 그리고 그러한 아비투스가 소비자의 소비 행위를 결정짓는 요인이 된다면 문화적 생산물의 가격 탄력성은 적다고 볼 수 있다. 이와 관련하여 문화적 생산물은 소득탄력성도 적은 편이다. 즉, 소득이 증가한다고 해서 문화상품에 대한 소비가 급격히 증가하지도 않는다. 이 또한 '오랜 시간'에 걸친 각 소비자의 사회적 · 경제적 원칙 및 관행에 의존하기 때문이다.

3) 법적 조건

문화콘텐츠 경영의 법적 조건 중 저작권법은 문화 생산자의 창의성을 존중하고, 창작물을 보호하며, 이들의 활동을 보장하기 위한 법률이다. 문화적 생산물은 창작과 동시에 자동적으로 그 생산자에게 소유권이 인정된다. 따라서 따로 저작물로 등록하지 않아도 이는 저작권(copyright)에 관한 국제조약인 '베른협약(Berne Convention for the Protection of Literary and Artistic Works)'에 의거하여 '무방식주의'의 형태로 저작권법에 의해 보호를 받게 된다. 단 저작물로 인정받기 위해서는 창작물은 표현의 독창성을 지녀야 하며, 동시에 어떤 형식으로든 외부에 나타나야 한다. 저작권법에서는 어문, 음악, 연극, 미술, 건축, 사진, 영상, 도형, 컴퓨터프로그램 등을 저작물로 들고 있다.

저작권은 저작인격권과 저작재산권으로 나뉜다. 저작인격권은 저작자의 명예와 인격적 이익을 보호하기 위한 권리로서 공표권, 성명표시권, 동일성유지권으로 나뉘며, 저작재산권은 저작물의 이용에 관한 권리로서 복제권, 공연권, 전송권, 방송권, 전시권, 배포권, 2차적저작물작성권 등이 있다. 또한 저작권과 유사한 저작인접권도 존재하는데, 이는 실연자 및 음반제작자와 방송사업자 등에게 부여된다. 이러한 저작권은 저작자 생전과 사후 70년까지 존속한다.

한편 저작권법의 특징은 이를 위반 혹은 침해했다 하여 바로 처벌받는 것이 아니라는 점이다. 저작권법은 저작권자가 고소해야만 침해책임을 물을 수 있는 친고죄이기 때문이다. 또한 앞서 언급한 바와 같이 무방식주의이기 때문에 등록하지 않아도 저작물은 보호를 받을 수 있지만, 저작권 등록을 통해 이후 여러 분쟁 및 법적 소송에서 저작물로 입증하는 데 유리하게 활용될 수 있다.

또한 저작권에 관한 이러한 논의와 대별되어 문화의 향상이나 활용이 자유롭고 폭넓은 문화의 이용에 있다고 보는 '카피레프트(copyleft)'에 관한 의견도 존재한다. 이들은 창작물 혹은 창의력 증대를 위해 저작권의 강화보다는 오히려 저작권의 공유를 강조한다.

3
문화콘텐츠 경영의 실제 과정

1) 계획

문화콘텐츠 경영이 문화 활동과 연관된 일련의 사항들을 관리하는 과정이라고 할 때, 계획은 관리 조직의 목표 달성을 위해 그 주체를 정하고 과업의 범위와 수행 시기, 장소 그리고 해당 방법을 결정하는 것을 의미한다. 따라서 계획이란 해당 문화 활동에 대한 대상이 무엇인지를 구체화하는 데 있어서 그것이 어떻게 진행되어야 하는지 기준을 정하는 일이 된다. 이를 위해서는 우선 목표가 분명하게 설정되어야 한다. 문화콘텐츠 경영에서 목표는 그 영역 및 장르가 어떤 것이건 간에 문화 활동과 연관되어 있지만, 세부적으로는 문화 사업의 생산물, 문화 사업의 구조와 행위 및 시장의 포지셔닝, 문화적 생산물과 서비스의 특징, 그리고 사회적 · 정치적 목적 등을 꼽을 수 있다(Heinrichs, 1999, p. 226).

물론 이는 각각의 영역 및 장르에 따라 좀 더 구체적으로 설정될 수 있다. 이러한 목표 설정을 통해 계획이 수립되는 것이며, 계획은 목표에 따라 그 성격이 달라질 수 있음은 당연하다. 이에 계획 단계에서 도출될 수 있는 결과는 조직 및 과업의 목적과 비전 설정 그리고 과업 범위에 대한 사안이다. 이는 이후의 모든 경영 과정에서 방향 설정 및 여러 결정에 기초가 되기 때문이다.

여기서 추가로 언급될 수 있는 개념은 비전(vision) 설정이다. 모든 조직 · 기업 경영에서 전제는 비전을 통해 미래의 모습을 그리며, 그에 따른 목표 달성 계획을 수립해야 한다는 것이다. 이러한 관점에서 보면, 비전과 목표는 동일한 개념이 아니다. 비전은 구체적인 목표를 달성하기 위한 일종의 신념이자 항구적인 지침이다. 따라서 문화콘텐츠 경영은 운영적 차원에서의 목표와 실천 계획을 수립해야 하지만, 여기에는 비전이라는 더 큰 그림이 전제되어야 한다.

한편, 구체적인 계획 단계에서는 앞서 문화콘텐츠 기획에 관한 장에서 논의했던 여러 방안과 이후 다룰 전략적 문화콘텐츠 경영의 방법론들이 활용된다는 점을 인식할 필요가 있다. 이는 문화콘텐츠 경영의 계획이 직관적 사고나 행위에 의존하는 것은 아니며, 다분히 그러한 과정들은 종합적이고 일관된 방법론과 체계적 논의에 입각해야 함을 의미한다. 하지만 중요한 것은 계획의 내용은 실증적이어야 하고, 양적인 수치는 물론 질적이고 기술적인 방법도 사용되어야 한다는 점이다. 이는 문화콘텐츠 경영이 문화와 연관된 과정이며, 사람들의 감성과 문화적 욕구에 대한 접근이라는 점에서 그러하다.

2) 조직

조직은 해당 문화 활동에 대한 세부적인 과업과 그에 대한 권한을 공식화하는 작업으로, 여기에는 충원, 교체, 권한 부여 등 인적 자원 문제가 주로 논의된다. 다시 말해, 계획이 과업에 관한 추상적인 작업이라면, 조직은 해당 계획에 대한 참여 구성원의 구체적인 행위의 구조화와 연관된다.

조직 구성이 문화콘텐츠 경영에서 중요한 이유는 다른 분야와 달리 인력이 특별하게 강조되기 때문이다. 이후 예산 및 자금과 관련하여 다시 언급하겠지만, 문화콘텐츠는 그 재화적 특성상 인력 · 인건비의 배분과 설계가 매우 중요하다. 인적 자원에 대한 조직의 문제는 일반화하기 어렵지만, 조직 구성은 구성원에게 동기를 부여하고 창의력을 발산할 수 있는 방향으로 이루어져야 한다. 또한 구성원 간의 협력 관계를 확립함과 동시에 각 개인의 권한과 책임 문제도 고려해야 한다. 특히 이 권한과 책임 문제는 공식화되어야 하며, 이를 통해 업무 수행 과정에 혼선을 줄이고, 원활하게 과업을 수행할 수 있도록 한다.

조직의 유형은 조직 구조의 결정에 따라 달리 나타나는데, 일반적으로 선형 조직과 기능 조직 그리고 라인스태프(line and staff) 조직으로 나눌 수 있다. 선형 조직은 명령 일원화의 원칙이 적용되며, 단순하고 편성하기 쉬운 장점이 있다. 이는 '수직식 조직'이라고도 하는데, 의사 결정의 신속성이 확보되며 경영에 질서가 유지되지만, 관료주의적인 경향을 보여줄 수도 있으며, 관리자에게 권한이 집중되어 구성원의 전문화가 결여된다는 단점도 있다. 거듭 강조하건대, 문화콘텐츠의 기획은 창의력이 핵심이다. 그리고 해당 결과물을 도출하기 위해서는 각 부문이 유기적으로 연결되어야 한다. 수직식 · 선형 조직은 기획자가 해당 프로세스에 대한 이해도가 높고 전문성이 담보되었을 때 효율적으로 운영될 수 있다. 하지만 기획자가 그러한 역량을 갖추지 못한 상황에서는 과업 목표 달성을 위한 시행착오가 반복될 수 있다는 점을 유념할 필요가 있다.

기능 조직은 선형 조직과 달리 수평적 분업 관계가 존재하고 각 분업별 관리자들이 해당 작업(자)을 지휘 및 통제하는 조직이다. 기능 조직은 기능적 관련성이 밀접하거나 유관한 업무적 특성을 가진 부서를 '수평적'으로 조직하는 방식이다. 이는 각 분업별로 정확한 과업이 부가되며, 의사소통 시간이 빠르고 과정이 단순한 특징이 있지만, 각 기능이 과도하게 전문화되면 오히려 간접비용 등과 같은 다양한 시간적 · 금전적 비용이 소요될 수도 있다. 특히 각 조직마다 업무 스타일이나 의사 결정 방식이 달리 나타나게 되면, 다른 조직과 연계된 업무를 처리하는 데 비효율적일 수도 있다. 이것이 이상적인 조직 구성인 것은 분명하지만, 현실적인 상황 속에서 협력 관계나 과업의 분배가 명확치 않다면, 운영 시 여러 가지 어려움이 발생할 수 있다.

라인스태프 조직은 최종 관리자 아래에 여러 스태프를 두어 이들에게 조언 및 조력의 권한을 부여하여 기능 조직의 한계를 보완하는 특징을 가진다. 즉, 업무의 수직적 일원화와 수평적 분화가 동시에 이루어진다. 이는 지휘 및 명령 체계가 혼동되지 않으며, 스태프의 전문적 식견이 활용될 수 있는 장점이 있다. 하지만 스태프와 라인 및 기능 조직과의 마찰이 발생하면 해당 업무 수행에 장애가 될 수도 있다. 따라서 스태프의 전문성 강화가 무엇보다 중요하며, 동시에 이들에게 명령 및 책임 등의 권한이 일정 수준 확보될 때, 그 운영의 장점을 살릴 수 있다.

이러한 여러 조직화의 문제는 과업을 둘러싸고 있는 다양한 요인을 고려하여 해결해야 하지만, 그 기대 효과는 해당 과업의 흐름을 명확하게 해줄 뿐 아니라, 각 개인에게 과업의 지침을 마련해줌과 동시에 의사소통 체계를 확립시켜주며, 그에 따른 구성원들의 갈등 요인을 제거하는 데 있다.

3) 지휘

지휘는 앞서 언급한 조직과 연관되며, 해당 과업 진행자들을 통솔하고 동기를 부여하는 과정이다. 특히 지휘는 경영자의 리더십과 연관되며, 그 특성에 따라 과업 결과에 영향을 미치기도 한다. 지휘는 경영 태도 및 규범으로 볼 수도 있지만, 중요한 것은 이를 위한 원리 및 원칙의 준수가 필요하다는 점에 있으며, 그에 따른 다양한 수단도 동원되어야 한다. 왜냐하면 조직 구성원은 단지 문화적 생산물을 생산하는 구성원일 뿐만 아니라, 사회의 일원으로서 다양한 조직에서 역할을 수행하는 이들이기 때문이다. 즉, 개인적 다양성이 존재하기 때문에 그에 따른 각각의 존엄성 또한 존중되어야 한다. 이를 위해 지휘는 조직에 대한 비전과 가치를 구성원과 공유하는 관점에서 진행되어야 하며, 이후 조직원에 대한 역량 구축 및 과업 수행의 달성 차원에서 그 과정이 이루어져야 한다.

최근 들어 이에 대해서는 관리자들이 구성원의 행동, 선호도 및 성향 그리고 커뮤니케이션 능력 및 유형 등을 미리 파악하기 위한 다양한 수단을 활용하고 있으며, 그에 따라 효과적인 지휘 · 감독 체계를 확립하는 데 노력한다. 이러한 수단들을 통해 결국 지휘의 문제는 과업 수행 과정에서 목표에 부합하는 명령 및 감독 체계를 확립하고, 정확한 과업의 방향을 제시하며, 권한의 분배 원칙을 수립하는 데 역점을 두어야 한다.

4) 통제

통제는 과업 내역이 계획에 근거하여 진행되고 있는지 파악하고 그에 따른 수정 사항을 확인하는 과정이다. 즉 통제란 과업의 성취도를 계획에 비추어 측정하고, 목표 달성을 위해 관리 시스템을 강화하는 조치라 할 수 있다. 따라서 통제는 그간 수행해온 과업에 대한 정보를 파악하는 일이며, 새로운 계획 수립 및 경영 과정을 위한 출발점이 되기도 한다는 점에서 계획 수립과 긴밀한 관계를 갖는다. 그럼에도 불구하고 통제는 관리적 차원에서 성과 목표와 해당 과업의 결과를 연결해주는 과정이라는 점을 명백히 할 필요가 있다.

문화콘텐츠 경영의 통제에서 가장 중요한 원칙 중 하나는 목표 달성과 관련하여 일반적인 제조업 등과 같은 인풋-아웃풋의 등식을 맹신해서는 안 된다는 점에 있다. 이러한 관점에 비추어 통제는 다분히 결과 지향적일지라도 성과 측정 자체에 목적을 두어서는 안 된다. 다시 말해, 이는 통제가 원활한 과업 수행을 위한 의사 결정과 문제 해결에 보조하기 위한 수단이며, '통제를 위한 통제'는 금물임을 의미한다. 보조 수단으로서의 통제는 복잡하고 과대해서도 안 된다. 이는 기회비용과 연관되어 자칫하면 부정적인 결과를 초래할 수도 있기 때문이다. 따라서 통제는 계획, 조직, 지휘 과정 그리고 해당 과업의 결과를 염두에 두고 진행되어야 한다.

5) 평가

평가는 일반적인 경영 과정에서 통제 과정에 포함되기도 하고 각 과정의 하위 영역으로 다뤄지기도 한다. 이보다 더욱 주목해야 할 점은 최근 급변하고 있는 문화적 생산물의 양상과 그에 따른 소비의 다양한 모습이 평가 과정의 중요성을 대변하고 있다는 것이며, 그에 따른 문화콘텐츠 경영의 문제점을 개선하고 이를 통해 그 가치를 증명해야 할 과제를 수반한다는 것이다. 이에 덧붙여, 평가는 문화 자체에 초점을 두는 것이 아니라, 문화를 둘러싼 경영에 대한 평가로서 효과성과 효율성의 관점이 중요함을 의미한다. 물론 이러한 초점이 자칫하면 문화콘텐츠 경영에서 문화는 빠지고 경영만 치중하게 되는 역효과가 날 수도 있다.

또한 영리 기관은 수익성을 극대화한다는 점에 비추어 평가에서 경제성을 가장 중요하게 고려하지만, 비영리 기관의 경우 효과성과 효율성이라는 경제성이 수익과 직결되는 것은 아니기 때문이다. 따라서 문화콘텐츠 경영에서 평가는 목적을 분명히 할 필요가 있다. 가령 비영리 기관의 경우, 더 많은 사람으로 하여금 문화적 혜택을 누리게 하기 위한 관점에서, 이를 위한 후원자들을 더 많이 확보하기 차원에서, 혹은 경영 조직 및 과업 수행의 효과성과 효율성의 제고 목적에서, 잠재 소비자의 성향과 요구를 파악하기 위해 등과 같은 명확한 질문들을 고려해야 한다. 최근 들어 여러 문화 기관에서는 경영 평가를 위해 각종 인증 제도나 평가 지표 설정을 통해 평가의 원칙과 공정성에 노력을 기울이기도 한다. 하지만 이는 본래의 취지와 달리 성과 위주 평가 혹은 양적 지표의 한계에 직면할 수도 있다. 앞서 통제의 관점에서도 언급했듯이, 문화콘텐츠 경영에서는 단지 양적 지표에만 근거해서는 안 되고, 질적 접근 방법들을 동시에 활용하는 것이 중요하며, 이를 통한 문화콘텐츠 경영에 대한 해석적 이해로서의 평가가 진행되어야 한다.

한편 평가는 내부적 차원에서 진행될 수도 있지만, 외부 업체 및 조직을 통해 수행토록 할 수도 있다. 중요한 것은 어떠한 평가 주체가 평가를 진행하건 간에 객관적이고 공정한 평가 보고서를 완성해야 한다는 점에 있다. 적어도 평가에서는 평가 주체들에 대한 자율성과 독립성이 확보되어야 그에 따른 평가 결과의 신뢰도가 따른다.

문화콘텐츠 경영의 평가를 위한 요소들 혹은 평가 과정에는 다음과 같은 사항들이 포함될 수 있다. 이는 윤리성, 전후 사정과 계획, 자료 수집과 신뢰성, 자료 분석과 타당성, 성찰, 기록과 보고 등이 그것이다(Lang, 2006). 우선 윤리성은 평가를 위한 자료 수집에서 개인 및 조직에 대한 권리이며, 이는 도덕적 · 법적으로 중요한 사항이다. 전후 사정과 계획은 평가의 집행과 목적에 대한 문제이며, 평가 과정에 대한 방법도 포함된다. 자료 수집과 신뢰성은 신뢰할 수 있는 보고서 작성과 기술에 대한 문제이며, 여기에는 일관성에 대한 고려도 포함된다. 자료 분석과 타당성은 진실성과 정확성의 문제를 수반하는데, 구체적인 데이터의 해석과 유용한 결과 도출이 관건이다. 성찰은 평가 과정을 통해 이것이 문화콘텐츠 경영에 어떠한 기여를 하는가에 대한 문제가 된다. 기록과 보고는 평가 내용 및 평가 자체에 대한 재검토 기회에 대한 문제와 보고서의 공개 · 비공개 여부를 포함하며, 추후 더 나은 문화콘텐츠 경영을 위한 제언의 관점에서 고려되어야 한다.

4
전략적 문화콘텐츠 경영

전략적 문화콘텐츠 경영이란 사실 '문화'와 '경영'이라는 용어가 결합하는 순간부터 반드시 고려되어야 하는 개념이다. 문화를 '투명한' 용어로서 접근하는 것이 아닌 이상 문화가 생산되고 소비되는 상황은 다분히 '전략적'으로 검토되어야 하며, 그에 따른 성과와 목적을 달성하기 위한 방법론이 필요하기 때문이다. 따라서 전략적 문화콘텐츠 경영은 문화 소비자에게 어떻게 접근할 것인지, 조직의 방향성은 어떻게 정하는지, 문화콘텐츠의 유통과 확대는 어떻게 진행하는지 등에 대한 문제를 수반하게 된다. 이와 관련하여 이 절에서는 기획된 대상으로서 문화콘텐츠 및 해당 시장과 소비자의 관계를 설정하기 위한 관점에서 문화콘텐츠 경영을 전제로 한 여러 전략적 모델과 관련 고려사항을 중심으로 논의를 진행하도록 한다.

1) 시장과 소비자 획득

전략적 문화콘텐츠 경영을 위해 문화콘텐츠 경영의 주체는 우선 해당 사업 주체의 사명과 방침 그리고 비전을 수립해야 한다. 이는 문화콘텐츠 경영의 목표와 연관된다. 즉 사업의 종류와 고객 그리고 사업의 과정 등이 여기에 포함되며, 이는 경영 주체의 가치관을 반영한다. 이를 좀 더 구체적으로 거론하면, 경영 주체의 사명에는 사업의 범위(공연시장, 방송시장, 게임시장 등), 생산물과 서비스 및 수직적 범위(해당 장르 및 기획, 제작, 마케팅 등과 같은 과업의 범위), 역량 범위(기획 및 기술적 요인), 세분 시장 범위(유아, 청소년, 노년, 여성, 가족 단위 등), 지역적 범위(시 · 군, 한국, 아시아, 글로벌 등) 등이 규정되어야 한다.

이러한 사명을 통해 해당 사업 단위를 수립하는데, 여기서는 이를 위한 몇 가지 방법을 소개하고자 한다. 우선 보스턴 컨설팅 그룹(Boston Consulting Group)의 성장-점유율 매트릭스는 이익잠재력에 의해 사업들을 분석할 수 있는 도구로서 사업에 대한 구축, 유지, 수확 그리고 철수의

〈표 4〉 보스턴 컨설팅 그룹의 성장-점유율 매트릭스

성장사업: 높은 시장성장률, 높은 상대적 시장점유율 이익도 많고 계속해서 성장을 기대할 수 있음. 실질적 자금투자가 필요함	**미지 영역: 높은 시장성장률, 낮은 상대적 시장점유율** 시설, 인력, 자금 등 많은 투자가 필요함. 이를 통해 많은 이익을 낼 가능성이 있음
수익사업: 낮은 시장성장률, 높은 상대적 시장점유율 성장률 하락으로 인해 상대적으로 투자가 불필요함. 단, 시장점유율이 떨어지면 투자가 필요함. 현재 이상의 성장을 기대하기는 어렵지만, 안정적인 사업구조일 가능성이 높음	**사양사업: 낮은 시장성장률, 낮은 상대적 시장점유율** 철수 · 사양사업일 확률이 높지만, 기술 혁신이나 외부 변수에 의해 새로운 시장이 생길 가능성도 있음

방향을 제시한다. 이는 일종의 제품 수명주기를 통한 사업의 우선순위를 결정하는 방법이다. 이미 1970년대에 개발된 방법임에도 비즈니스 포트폴리오를 분석하는 기법으로 아직까지 유용하게 활용된다.

〈표 4〉에서 알 수 있듯이, 성장-점유율 매트릭스는 제품에 대한 시장점유율이 크거나 시장이 빠르게 성장하고 있다면, 이는 경영 전략에서 매우 유리한 조건으로 활용될 수 있다. 또한 이는 기업이 다양한 제품이나 콘텐츠를 보유하거나 생산할 때, 그것에 대한 전략들을 시장 상황에 맞추어 수립하는 데 활용이 가능하다.

이러한 매트릭스는 사업의 성격을 명료하게 유형화한다는 장점이 있기 때문에 사업 방향에 대한 결정에 유리하다. 또한 단위 사업에 속한 세부(하부) 사업들을 이러한 매트릭스에 적용하여 검토할 수도 있다. 이는 기업의 포트폴리오를 작성하고 그에 대한 전략을 세우는 데 활용될 수 있음을 의미한다. 특히 이는 해당 업체가 차후 사업 방향을 어떻게 설정할 것인가에 대한 문제에 활용할 수 있다는 장점이 있다. 하지만 이 매트릭스는 사업의 평가 요소가 성장률과 점유율에 한정되어 있기 때문에 시장 상황을 단순화시키는 단점도 존재한다. 또한 높은 시장점유율만이 반드시 유일한 성공 요인은 아니라는 점도 염두에 두어야 한다. 왜냐하면 높은 시장점유율이 언제나 수익으로 이어지는 것은 아니기 때문이다. 동시에 문화콘텐츠의 경우, 소규모 기업들이 많이 존재하는데, 이 매트릭스는 대기업에 치중하는 경우가 있기 때문에 이 부분이 다소 한계로 지적되기도 한다.

이와 달리, GE-매킨지 9개 박스 매트릭스는 시장 매력성과 사업의 강점을 통해 전략을 수립하는 기법이다. 우선 시장 매력성의 요인으로 꼽을 수 있는 것은 총 시장 규모, 연간 시장성장률, 기존 수익률, 경쟁 강도, 기술적 필요조건, 인플레이션 대응력, 에너지 필요조건, 환경의 영향, 사회적 · 정치적 · 법적 영향 등이 있다. 또한 사업의 강점 요인은 시장점유율, 점유율 성장, 제공되는 상품이나 서비스의 질, 브랜드의 명성, 유통망, 촉진의 효율성, 생산 능력, 생산 능률, 단위 원가, 원자재 공급, 연구 개발 성과, 관리 인력 등이 있다. 이 모델(표 5)은 이 두 가지 요인 각각에 대한 평점을 부여하거나 가중치를 주어 이를 평가하는 기법이다(Kotler, 2003, pp. 143-144).

사실 이 모델은 지표의 선정 방법이 주관적이고 신뢰성이 결여되어 있기 때문에 정확성의 문제에서 한계를 가지고 있다. 특히 경영이란 외부 조직 및 환경과의 비교도 중요한데, 그러한 논의가 어렵다는 점도 단점으로 지적된다. 하지만 여러 요인의 지표에 대한 객관성 문제가 확

〈표 5〉 GE-매킨지 9개 박스 매트릭스

	사업의 강점(강)	사업의 강점(중)	사업의 강점(약)
시장 매력성(고)	위치의 확보 유지 전략: 최대 투자	기반 조성 투자 전략: 선택적으로 강점에 대해 추구함	선택적 조성 전략: 한정적인 강점 특화, 성장 지속 가능성이 없으면 철수
시장 매력성(중)	선택적 조성 전략: 가장 매력적인 부분에 집중투자, 경쟁에 대응하기 위한 능력 조성, 생산성 강조	선택성 · 수익성을 위한 관리	제한적 확대 또는 수확 전략
시장 매력성(저)	지속과 재집중화 전략: 강점의 지속 강화	수입 관리 전략: 수익성을 위한 지위 확보	철수 전략

보되면 경영 관리의 관점에서 다양한 요소를 유연하게 평가하기에 유용한 모델이라 할 수 있다.

이러한 모델 외에 이고르 앤소프(Igor Ansoff)의 제품 · 시장 확장 그리드는 새로운 집중적 성장 기회를 조사할 수 있는 도구로 활용될 수 있다. 이고르 앤소프는 현대 경영 전략의 창시자라 불리는데, 1957년에 시장과 제품 그리고 기존과 신규라는 범주를 통해 네 가지 전략을 제시했다. 이는 집중적 성장, 통합적 성장, 다각화 성장, 오래된 사업 축소의 순으로 이어지는 경영 방향으로 이해될 수 있다(Ansoff, 1957).

이를 좀 더 구체적으로 살펴보면, 우선 시장 침투 전략은 현재의 시장에서 기존 상품이나 서비스에 경쟁 우위를 확보하여 점유율을 높이는 전략을 의미한다. 이는 일반적으로 기존 상품이나 서비스를 강화하여 일회성 고객이 아닌 충성도 높은 고객을 확보하기 위한 전략을 의미한다. 시장 개발 전략은 동일한 상품을 새로운 시장 혹은 새로운 고객에게 적용시키는 전략이다. 상품 개발 전략은 현재 시장에서 잠재적인 고객을 확보하기 위해 신제품을 투입하는 전략이다. 그리고 다각화 전략은 리스크가 클 수 있으나 기존 조직의 이미지와 고객의 충성도 그리고 시장점유율을 통해 상품을 다각화하는 전략이다.

이고르 앤소프의 제품 · 시장 확장 그리드는 시장의 성격에 따라 어떠한 영역에서 성장 기회가 있는지 판단할 수 있게 하며, 경영 주체

〈표 6〉 이고르 앤소프의 제품 · 시장 확장 그리드

	기존 제품	신제품
기존 시장	시장 침투 전략	상품 개발 전략
신시장	시장 개발 전략	다각화 전략

가 사업의 방향을 결정하는 과정에서 활용될 수 있다. 하지만 이 모델은 기업이나 조직의 성장에만 집중하고 있기 때문에 이외 조직의 여러 요인과 시장 변수 등에 대한 논의가 한정되고 있다는 점이 단점으로 지적되기도 한다.

경영 전략의 대가로 불리는 마이클 포터(Michael E. Porter)는 사업의 매력도를 결정하는 다섯 가지 경쟁 요인, 즉 기존 기업들 간의 경쟁, 잠재 진입자의 위협, 생산자의 교섭력, 소비자의 교섭력, 그리고 대체재의 위협에 대한 분석을 통해 기업이 수립할 수 있는 전략으로서 본원적 전략(generic strategy)을 제시한다(Poter, 1980).

우선 비용 우위 전략은 품질은 동일할지라도 제품 가격을 저렴하게 함으로써 경쟁력을 갖추는 방법이다. 이는 규모의 경제와 같이 대규모 투자와 대량 생산 시스템이 선행될 때 가능하다. 제품 차별화 전략은 고가 제품일지라도 품질을 높이고 경쟁사가 모방하기 어려운 상품을 제공하는 전략이다. 하지만 전체 시장을 강조한다는 점에서 계속되는 자본과 인력 등의 역량 투입을 통해 제품이 개발되어야 하고, 그에 따른 마케팅 커뮤니케이션이 요구된다. 집중화 전략은 특히 문화콘텐츠 경영에서 주목할 만한데, 자원이 한정되어 있기 때문에 특정 세분 시장에서 높은 점유율을 확보하기 위해 활용한다. 특히 비용 우위 집중화 전략은 대기업이 접근하기 어려운 특정 세분 시장에서 비용 우위에

〈표 7〉 마이클 포터의 본원적 전략 매트릭스

	전략적 우위 요소(경쟁 우위의 유형)	
경쟁 범위로서 전체 시장 강조	비용 우위 전략	제품 차별화 전략
경쟁 범위로서 세분 시장 강조	비용 우위 집중화 전략	제품 차별화 집중화 전략

대한 집중화를 강조하는 것이며, 제품 차별화 · 집중화 전략은 제품 차별화 전략과 유사하지만 시장에 대한 부담감을 줄일 수 있으며, 창의력과 아이디어를 통해 성공을 기대할 수 있는 방법이다.

2) SWOT

SWOT 분석은 전략적 경영을 위한 계획 수립에 보편적으로 활용하는 방법으로 1920년대에 미국 하버드 경영대학원에서 개발되었다. 이는 강점(strength)과 약점(weakness), 기회(opportunity)와 위협(threat) 요인을 규정하고, 이를 토대로 사업 단위와 경영 전략을 수립한다. SWOT 분석은 자사의 경영 상황을 분석하거나, 향후의 사업 방침을 결정하기 위한 차원에서 전반적인 마케팅 전략 수립에 주로 적용되는 것이 일반적이다. 하지만 범용성이 넓은 모델이기 때문에 기획 및 경영에도 활용될 수 있으며, 문화콘텐츠 기획은 물론 아이디어 발산과 수렴 과정에도 적용될 수 있을 만큼 사업 기획 전반에 걸쳐 쓰임새가 넓다. SWOT 분석의 특징은 기업의 내부적 요인을 분석하여 강점과 약점, 외부 환경을 분석하여 기회와 위협을 찾아내어 이를 토대로 강점은 극대화하고 약점은 최소화하며, 기회는 활용하고 위협은 제거하는 경영 혹은 마케팅 전략을 수립한다. SWOT 분석은 일종의 방법론 관점에서 적용하기 쉽고, 응용 범위를 확장할 수 있다는 특징을 가진다.

좀 더 구체적으로, 내부적 요인은 마케팅, 재무, 제조 및 개발, 조직 같은 자사의 경영 자원 관점에서 분석될 수 있다. 우선 마케팅의 분석 요소는 지명도와 명성 및 충성도, 시장점유율, 고객 만족 및 유지 상황, 콘텐츠 및 서비스 품질, 가격 효과성, 유통 효과성, 촉진 효과성, 판매원 효과성, 혁신 효과성, 지리적 범위 등을 꼽을 수 있다. 재무의 분석 요소는 자본 비용, 자금 조달력, 현금 흐름, 재무적 안정성, 부채 현황, 수익률 등이 있다. 제조 및 개발 요소는 최신 장비 및 설비, 규모의 경제, 수용 및 대응 능력, 유능하고 헌신적인 노동력, 적시 생산 기술, 기술적 제조 기술 등을 들 수 있다. 그리고 조직의 요소는 현대적이고 비전이 있는 리더십, 헌신적인 직원, 기업가적 지향성, 유연성과 적응성 등을 분석해야 한다(Kotler, 2003, p. 155). 물론 이러한 요소들을 모두 분석해야 하는 것은 아니며, 상황에 따라 다른 요소들이 추가될 수도 있다.

외부 환경은 거시적 환경 요인과 미시적 환경 요인으로 나눌 수 있다. 거시적 환경 요인은 인구통계적, 경제적, 기술적, 정치적 · 법적, 사회적 · 문화적 요인 등이 있으며, 미시적 환경 요인에는 고객, 경쟁사, 유통업자, 공급업자 등이 해당한다. 외부 환경에 대한 분석을 통해 사업의 방향에 대한 결정을 하게 될 때, 다음과 같은 네 가지 결과를 참고할 필요가 있다. 이상적인 사업이란 중요한 기회 요인은 높고, 중요한 위협 요인은 낮은 경우이며, 투기적 사업은 중요한 기회와 위협 요인 모두 높은 경우이다. 또한 성숙 사업은 중요한 기회와 위협 요인 모두 낮은 경우이고, 문제 사업은 기회 요인은 낮고 위협 요인은 높은 경우이다(Kotler, 2003, p. 154).

이러한 사업의 성격은 다분히 자사의 내부적 요인, 즉 경영 자원과 맞물려 다시금 해석될 수 있는데, 이를 통해 SWOT 분석의 전략을 도출할 수 있다. SWOT 분석의 경영 전략은 다음 네 가지로 정리할 수 있다. SO 전략인 강점-기회 전략은 강점을 살려 기회를 활용 · 포착하는 것이다. ST 전략인 강점-위협 전략은 강점을 살려 위협을 회피 · 최소화하는 것이다. WO 전략인 약점-기회 전략은 약점을 극복 · 보완하여 기회를 활용 · 포착하는 것이다. 마지막으로 WT 전략인 약점-위협 전략은 약점을 최소화 · 보완하여 위협을 회피 · 억제하는 것이다.

이와 같이, SWOT 분석은 기업의 경영 전략 분석 및 수립을 위해 주로 사용되지만, 이외에도 기업 내의 직무 및 조직 역량 분석이나 다양한 의사 결정을 위한 방법으로 유연하게 활용될 수 있는 도구라 할 수 있다.

3) 재원과 수익

재원과 수익 문제는 마케팅 방법과 결과에 대한 논의이기도 하지만, 실제 관리라는 경영의 기능적 측면에서 보면 가장 중요한 이슈이기도 하다. 여러 가지 경로를 통해 진행되는 자금 조성과 상품화 계획 및 파트너십 그리고 이것의 결과로서 제기되는 손익지표의 경제성에 대한 문제는 문화콘텐츠 경영의 필요성에 대한 본질일 수도 있기 때문이다.

재원은 크게 세 가지 종류로 나누어 살펴볼 수 있다. 이는 총 판매 수익금, 개별 사업체가 임의로 사용하는 수단(정부의 재정 지원 및 창립 자본),

제3의 자금(기부 및 스폰서)이 그것이다(Heinrichs, 1999, p. 292). 여기서 총 판매수익금은 상품과 서비스 판매에 의한 모든 수익금을 뜻한다. 총 판매수익금에는 해당 문화적 생산물의 직간접적 판매수익, 이용료, 사용료, 입장료, 사례금 등이 포함된다. 사례금을 제외한 나머지 수익금은 결국 상품 및 서비스의 가격에 의해 산정될 수 있다.

(1) 가격 결정 과정

일반적으로 가격 결정 과정은 가격 결정에 대한 목표 설정을 통해 그에 따른 수요를 결정한 후 원가를 추정하는 방식으로 이어진다. 이후 경쟁사(제품)의 가격을 고려하여 차별화를 모색하고, 적합한 가격 결정 방법의 선정과 적용을 통해 최종 가격을 결정한다.

문화콘텐츠 경영에서 가격 결정에 대한 목표 설정은 다양하다. 공공 및 비영리 영역일 경우, 사회의 공적 지표와 정책에 따른 기준들이 적용되기도 하지만, 사적 및 영리 영역은 기업의 존속 여부, 단기 혹은 장기 이익의 문제, 제품과 서비스의 질적 수준 그리고 시장점유율 문제 등과 같이 고려해야 할 사항이 많기 때문이다.

수요의 문제는 일반적으로 가격 감수성과 가격 탄력성을 고려해야 한다. 가격 감수성은 가격 대비 제품의 만족에 대한 정도의 상관관계이다. 실제로 많은 기업들은 가격 감수성이 낮은 고객을 선호한다. 왜냐하면 이들은 가격 변동이 있을지라도 자사 제품에 대한 구매를 꾸준히 할 가능성이 높기 때문이다. 주목할 것은 최근 인터넷 및 뉴미디어 환경이 고객의 가격 감수성을 증가시키고 있다는 점이다. 예를 들어 소셜커머스(social commerce)나 가격 비교 사이트, 혹은 SNS 등을 통한 다양한 마케팅 전략은 소비자에게 가격에 대한 선택의 여지를 제공하기 때문이다.

가격 탄력성은 수요 변화율을 가격 변화율로 나눈 수치를 의미한다. 여기서 가격을 인상하더라도 수요가 소폭 하락하는 경우(탄력성이 1보다 작은 경우)를 '비탄력적'이라 하고, 그 반대(탄력성이 1보다 큰 경우)는 '탄력적'이라 한다. 중요한 것은 문화콘텐츠의 경우, 각 영역마다 가격 감수성과 가격 탄력성이 각기 다르다는 점이다. 예를 들어, 공연의 경우 대중적인 공연은 영화, 축제 등과 같이 대체재를 찾기 쉽기 때문에 가격 감수성이 다소 높고 탄력적일 수 있지만, 클래식 공연이나 고급 예술 공연은 상대적으로 가격 감수성이 낮고 비탄력적인 경향이 강하다. 이와 연관하여 문화적 생산물은 일종의 사치재라는 관점에 대한 이해도 필요하다. 사치재는 소득이 늘어나면 그에 따른 소비가 급속히 늘어나는 재화인데, 문화적 생산물은 기본적으로 의식주와 같이 생계를 위한 문제가 아니라 여가의 문제이기 때문에 그러한 성격을 내포하고 있다.

문화콘텐츠 경영에서 시장은 완전 경쟁 시장의 모습을 갖추기가 매우 어려운 것도 현실이다. 실제로 대중 공연이나 장르 영화 등은 일부 대기업 위주로 제작되거나 생산 및 제작자 수가 그리 많지 않다. 하지만 오히려 이는 호재가 될 수도 있다. 왜냐하면 창의력과 시장성을 갖춘 킬러콘텐츠 개발을 통해 성공을 거둔 사례가 종종 나타나고 있기 때문이다. 그럼에도 불구하고 독점적이거나 과점적인 시장이 존재하는 경우가 있는데, 이는 지역의 박물관, 문화시설(공연장 등) 등이 대표적인 사례이다. 결국 문화콘텐츠 경영에서 수익에 대한 논의의 강조점은 일련의 가격 선정 과정이 문화적 생산물에 대한 이러한 특성들이 고려되어 진행된다는 점이며, 이를 통해 최종 가격도 결정된다.

(2) 기부와 스폰서

기부와 스폰서는 정부 지원금 외에 또 다른 기업이 그 원천인 경우가 많다. 최근 기업은 공공 문화 사업 영역뿐 아니라, 각종 교육 사업이나 사회 기부 활동 등을 통해 기업의 이미지를 개선하려고 경주한다. 이것이 기업에서 행하는 문화 마케팅으로, 기업의 문화를 통한 마케팅이다. 우선 후원은 반대급부 없이 금전이나 현물을 기부하는 것이며, 협찬은 일종의 파트너십으로, 이를 통해 효과를 기대하고 현금이나 현물을 제공함을 의미한다. 기업이 이러한 마케팅을 이용하는 이유는 현재 소비자가 단지 제품에 대한 기능이나 품질만을 따지지 않고 포괄적인 관점에서 문화 소비자로 이동하고 있기 때문이며, 특히 기업은 시장 개척에서 문화를 통해 장벽을 넘어설 가능성을 염두에 두기 때문이다. 특히 공공 문화예술 기관의 관점에서 기부와 스폰서를 통해 기업이 얻는 혜택을 살펴보면, 후원 기업은 문화예술 기관 관객에게 접근할 기회가 생긴다. 또한 문화예술 기관의 장소를 기업의 행사 개최지로 활용할 수 있다. 한편 기업은 직원들의 문화복지 증진을 위해 입장권을 활용할 수도 있다. 직접적인 홍보 관점에서는 문화예술 기관의 건물 입구나 프로그램 및 각종 매체에 기업명을 넣어 광고할 수 있다. 경우에 따라서는 기업이 문화예술 기관의 이사회에 참여할 수도 있으며, 예술가와 문화예술 기관 관계자들을 기업으로 초대할 수도 있다.

이에 반해 기업의 후원으로 인해 문화예술 기관이 얻는 혜택도 존재한다. 가장 큰 이점은 물론 재원의 확보라는 점에서 특정 프로젝트 · 프로그램에 대한 사업 기금을 조성할 수 있다. 또한 현금 이외에 물품을 제공받을 수도 있다. 사회적 영향력이 큰 기업이 참여하는 경우, 기관의 이미지 향상에 도움을 주기도 한다. 그리고 문화예술 기관의 문화적 생산물의 상품 포지셔닝에 도움이 되며, 기업 고객 리스트와 기업 직원들에게 접근할 수도 있다. 마지막으로 기업이 소유하고 있는 시장에 대한 전문성 또한 공유할 기회가 생긴다(Kolb, 2000, pp. 124-126). 결국 기업의 기부와 스폰서를 통해 이 둘 모두 시너지를 기대할 수 있다는 점에서 긍정적인 측면에서 접근할 필요가 있다.

4) 소통과 협상

문화콘텐츠 경영에서 중요한 문제는 결국 구성원 간의 관계 설정이다. 이는 크게 보면 소통 혹은 커뮤니케이션 문제이며, 작게는 협상을 의미한다. 소통과 관련된 수많은 서적과 연구 성과들이 있지만, 그러한 논의들이 공통적으로 강조하는 것 중 하나는 소통이라는 것이 문화적인 과정이라는 것이다. 다시 말해, 소통은 당사자가 개인이건 집단이건 해당 주체들을 둘러싸고 있는 문화적 맥락 속에서 진행된다는 것이다. 이는 기업이나 조직은 물론이며, 더 큰 단위의 단체나 국가 혹은 국가 간의 관점에서도 그러하다.

소통이라는 것이 해당 주체들이 처해 있는 문화적 특성에 따라 진행된다는 것은 그만큼 많은 변수가 존재한다는 것을 의미하기도 한다. 실제 소통 과정에서는 언어, 역사, 종교, 전통, 관습 등은 물론이고 경영 문화, 교육 수준 및 환경, 취미, 라이프스타일, 유머, 비언어적 행동, 식습관, 건강 인식, 시공간에 대한 인식 등 수많은 문화적 요인이 작동된다. 이러한 관점에서 보면, 소통은 다양한 문화적 배경을 가진 사람들이 상호작용하는 과정을 의미한다. 그럼에도 불구하고 소통은 책이나 글로 배울 수 있는 것이 아니라는 점에서 더욱 어려운 과정이다. 중요한 것은 기획이건 경영이건 마케팅이건 그 과업이 무엇이건 간에 일의 주체는 사람이라는 점이다. 따라서 해당 구성원(들)이 소통 능력을 어떻게 갖추고 있는가는 과업의 성공 여부에 절대적인 영향을 미친다는 점을 인식해야 한다.

소통의 작은 개념으로서 혹은 직접적인 과정으로서 협상은 실제 그에 관한 특별한 기술과 능력이 요구된다. 협상은 가격 및 품질 그리고 서비스와 관련하여, 외부 요인에 의한 위험 상황과 관련하여, 그리고 다양한 계약 상황과 관련하여 반드시 수반되는 과정이다. 협상은 조직과 조직 간의 관계뿐만 아니라 조직 내부에서도 필요하다. 조직 내부에서의 협상은 앞서 언급한 조직 체계의 구성이나 지휘 영역의 문제에서 소통 및 리더십과 매우 밀접하다. 따라서 협상은 소통의 관점에서 살펴볼 필요가 있다. 왜냐하면 협상은 결국 자신과 상대방이 서로 '윈윈(win-win)'하는 과정이며, 이는 단지 경제적 이익뿐만 아니라 그 외에 인간관계 등과 같은 여러 요인이 복합적으로 결부되기 때문이다.

이러한 관점에서 볼 때, 협상은 설득이 아니라는 점을 분명히 할 필요가 있다. 설득이 상대방에게 일방적으로 무언가를 요구하는 방식이라면, 협상은 자신이 얻고자 하는 것을 상대방이 무엇을 필요로 하는지 파악하고, 이를 주면서 원하는 것을 요구하는 일종의 '주고받기(give and take)'이다. 따라서 협상이란 상대방을 이기려는 것이 아니라 양측 모두 만족을 얻기 위해 서로의 차이를 조율하는 과정임을 이해하는 것이 중요하다(김성형, 2010, 78쪽). 따라서 협상에 대해 거래로 접근하기보다는 소통으로 바라보아야 하며, 그에 따라 협상 과정에는 신뢰 구축이라는 명분이 전제되어야 한다. 이러한 전제를 통해 나와 상대가 둘 다 이득을 얻을 수 있는 방향으로 진행되어야 하는 것이 협상이다. 이를 위해 협상에서 가장 중요한 것은 나와 상대에 대한 성향 유형을 파악하는 것이며, 특히 상대의 성향에 따라 조건을 맞출 수 있을 때 유리한 협상 기회를 잡을 수 있다(김성형, 2010, 246쪽). 그럼에도 불구하고 협상 과정에서 위기에 처할 수 있는 상황은 분명히 존재한다. 이때 가장 중요한 것은 계속 협상을 진행할 가치가 있는지 따져보아야 한다. 그런 다음 교착 상태를 잠시 피해 상황을 냉정하게 살펴야 한다. 이후 상대의 제안을 면밀하게 검토하고 그 첫 제안을 완화할 방법을 찾으며, 동시에 대안을 준비할 필요가 있다. 마지막으로 비록 협상이 결렬되더라도 다음 기회를 위해 우호적인 관계를 유지하는 것이 중요하다(김성형, 2010, 281쪽).

5) 글로벌 경영 전략

글로벌 경영 전략은 해외 시장 및 고객에 대한 기업의 지리적 경계 확대를 의미한다. 하지만 글로벌과 로컬의 문제는 한 쌍이라는 점을 인식하는 것이 중요하다. 글로벌이라는 개념 자체가 로컬을 전제로 하고 있기 때문이다. 이러한 점에 비추어 여기서 언급고자 하는 내용은 글로벌 경영 전략에 대한 것이지만, 실제 업무 영역에서는 로컬 경영 전략에 대한 문제를 거울 삼아 고민할 필요가 있음을 미리 강조하겠다.

(1) 글로벌 경영의 필요성

한류의 확산, 미국의 디즈니나 할리우드의 영상콘텐츠, 일본의 애니메이션이나 게임 등에서 알 수 있듯이, 문화콘텐츠가 로컬 영역에서만 소비되지 않는다는 것은 이미 상식이다. 덧붙여, 디지털미디어 환경이 기존의 지리적 경계를 해체시켰다는 것은 새삼 언급할 필요가 없다. 문화콘텐츠뿐만 아니라, 이미 제조업에서는 수많은 글로벌 기업이 규모의 경제로서 정치적 영향력을 뛰어넘은 지 오래이다.

이러한 배경과 더불어 글로벌 경영은 이미 로컬시장의 경쟁 포화 및 저성장에 대한 대안으로서 중요한 이슈이다. 특히 글로벌 경영을 통해 로컬시장에 대한 의존도를 낮추고 새로운 시장 개척과 매출을 기대할 수 있다. 이는 기업들이 직면한 비용 부담을 낮추는, 즉 다양한 비용 절감에 대한 믿음에서 기인하기도 한다. 또한 글로벌 경영은 기업을 규모의 경제로 성장시킬 수 있는 장점을 가진다. 이는 브랜드 파워의 강화와 그 범위를 확대시켜줄 수 있기 때문에 그러하다. 무엇보다 글로벌 환경에 대한 소비자의 익숙한 대처와 유연한 인식은 많은 기업으로 하여금 글로벌 경영을 필수적으로 고려토록 했다.

(2) 글로벌 경영의 고려사항

많은 기업이 글로벌 경영을 원하고 있지만 실제로 이를 수행하기 위해 고려해야 할 여러 요인이 존재한다. 이는 결론적으로 말해, 로컬과 글로벌 간의 문화 차이에서 나타나는 문제이다. 비록 문화콘텐츠가 문화적 할인율이 낮다고 하지만, 문화 간의 차이가 경영 및 마케팅의 표준화 문제를 가장 어렵게 하는 요인임은 분명하다. 글로벌이라는 것은 다양한 문화적 배경을 지닌 사람들이 함께 상호작용하는 상황이기 때문이다. 다시 말해, 이는 자연 환경, 언어, 종교, 정치 제도, 인종 등은 물론이며, 좀 더 일상적인 라이프스타일, 교육 제도, 사회 계층 구조 등에 따라 다양한 커뮤니케이션 방식이 공존하고 있음을 의미한다.

경영의 관점에서 보면, 문화 간 차이는 소비자가 기업이나 제품 그리고 서비스에 요구하는 차이를 야기한다. 이는 소비자로서의 행동이 각기 다르다는 것을 의미한다. 가령, 매체 수용 방식 및 반응성, 가격 민감성, 구매 및 이용 의도 등이 문화 간 차이에 따라 다르게 나타날 수 있기 때문이다. 또한 제품의 수명주기나 경쟁 환경이 다르다는 점도 주목된다. 특히 경쟁 환경은 문화권이라는 문제를 포함하고 있으며, 이는 지리적 환경뿐만 아니라 역사적 맥락도 존재한다. 덧붙여, 국가별로 다른 종류의 법적 규제와 환경이 존재한다는 점도 고려되어야 한다. 가령 광고나 홍보의 내용 및 형식의 법적 조건이 다르며, 이는 유통 및 촉진에 대한 전략을 로컬과 별도로 구축해야 함을 의미하는 것이기도 하다.

결국 글로벌 경영 전략에서는 문화 간 커뮤니케이션 관점에서, 로컬과 글로벌의 유사성과 차이점을 고려하면서 실질적 방안 수준에서는 표준화 및 맞춤화 문제를 동시에 고민해야 할 것이다.

참고문헌

강응선(2004). 문화경제학의 원류와 탄생. 한국문화경제학회(2004).《문화경제학 만나기》. 51-62쪽. 서울: 김영사.

곽수일(2004). 문화 경영 총론. 한국문화경제학회(2004).《문화경제학 만나기》. 373-388쪽. 서울: 김영사.

권지혁(2013).《영상콘텐츠 가치평가의 평가모형 및 평가지표에 관한 연구》. 인하대학교 대학원 박사학위 논문.

김성형(2010).《협상 천재가 된 홍대리》. 파주: 다산북스.

Heinrichs, W. (1999). *Einführung in das Kulturmanagement*. 김화임 역(2003).《컬처 매니지먼트》. 서울: 인디북.

Ansoff, I. (1957). Strategies for Diversification, *Harvard Business Review, Vol. 35 Issue 5*. pp. 113-124.

Kolb, B. M. (2000). *Marketing cultural organisations*. 이보아 외 역(2004).《문화예술기관의 마케팅》. 파주: 김영사.

Kotler, P. (2003). *Marketing Management*. 윤훈현 역(2004).《마케팅관리론》. 서울: 석정.

Lang, C. (2006). *The Responsive Museum*. 임영철 외 역(2011).《뮤지엄 매니지먼트, 관람객에게 응답하는 박물관 경영 전략》. 서울: 커뮤니케이션북스.

Porter. M. E. (1980). *Competitive strategy: Techniques for analyzing industries and competitors*. New York: Free Press.

Ⅳ

문화콘텐츠 마케팅

1
문화콘텐츠 마케팅이란 무엇인가

1) 마케팅의 개념

(1) 마케팅의 정의

마케팅은 다른 사람과 함께 가치 있는 제품과 서비스를 창조하고 제공하며, 또한 자유롭게 교환함으로써 개인과 집단이 요구하고 필요로 하는 것을 획득할 수 있도록 하는 사회적 과정이다. 이와 함께 마케팅은 관리적 관점에서 제품을 판매하는 기술로서 개인이나 조직의 목표를 만족시킬 의도로 교환 과정을 불러일으키기 위해 아이디어, 상품, 서비스를 구상하고 가격을 결정하고 촉진 및 유포하는 계획 과정이자 실행 과정으로 볼 수도 있다(Kotler, 2003, p. 16). 이러한 관점에서 보면, 마케팅은 앞서 언급한 기획, 경영 개념과 유사한 점이 많다. 그리고 최근 들어 마케팅은 이들을 포괄하는 개념으로 활용되기도 한다. 즉 마케팅은 단지 상품 판매를 위한 과정이 아니라, 소비자를 염두에 둔 시장 활동을 위한 일련의 방법들을 포괄한다.

(2) 커뮤니케이션으로서 마케팅

마케팅에 대한 좀 더 구체적인 이해는 마케팅 과정에 대한 간략한 설명을 통해 가능하다. 우선 마케팅은 시장이 존재한다는 점을 전제로 시작한다. 시장은 생산자와 소비자가 자신들의 재화를 교환하기 위해 모인 장소이다. 시장은 소비자 집단이기도 한데, 생산자는 이들 소비자에게 특별한 재화와 서비스를 제공하고 이윤을 획득한다. 하지만 이 과정은 그리 단순하지 않다. 왜냐하면 시장에는 항상 경쟁사가 존재하고, 다양한 정보를 접하는 고객의 욕구와 요구 또한 항시 변화하기 때문이다. 동시에 생산자는 기술, 자본, 재화의 영역 등의 한계로 인해 모든 시장을 목표로 삼을 수도 없다. 결국 마케팅이란 표적시장을 선정하여 고객을 위한 자사만의 고객 가치를 창조하고, 이를 고객에게 전달하며, 고객을 창출·확보·유지하기 위한 일련의 커뮤니케이션 활동으로 볼 수 있다.

2) 문화콘텐츠 마케팅의 역할과 전제

마케팅은 고객 만족이 최우선의 가치이다. 이러한 만족은 단지 교환 혹은 거래를 통해 발생하는 금전적 이득에 국한되지 않는다. 만족이란 개개인의 감성적 영역에 근거하고 있기 때문이다. 이 점이 문화콘텐츠 기획과 문화콘텐츠 마케팅의 접점이 된다. 다시 말해, 문화콘텐츠는 앞서 누차 강조한 바와 같이 감성재이자 경험재이기 때문에 물리적이고 물질적인 가치로서만 이해될 수 없는 재화라는 점에서 감성적 영역의 만족이라는 마케팅의 관점에서 다루어질 수 있는 성격을 내포한다. 좀 더 쉽게 말해, 문화콘텐츠 또한 시장의 원칙에서 단지 공급 중심의 예술가의 창의성만 강조한다면 대중과의 조우는 어려워진다. 하지만 수요 중심의 관점에서 문화콘텐츠에 접근하게 되면, 대중에게는 문화적 소양과 문화적 가치에 대한 만족감을 제공하게 되며, 공급자 또한 자신들의 창의적 활동을 위한 기반을 마련할 수 있다.

이러한 마케팅의 필요성은 단지 교환 및 거래의 관점에서만 제기되는 것이 아니며, 문화라는 인류의 가치를 공유하고 전승하기 위한 거시적인 차원에서도 공급자와 소비자 모두에게 의미 있는 행위이다. 따라서 문화콘텐츠 마케팅이란 문화적 교환 과정의 관점에서 모든 문화콘텐츠 기획 분야에서 문화적 생산자가 대중의 욕구를 채워주고, 그에 따른 생산물과 서비스를 제공하는 데 목적이 있다. 이를 위해 문화콘텐츠 산업과 그것이 내포하고 있는 대중성, 해당 영역 문화콘텐츠에 대한 고유의 특성을 이해하는 것이 선행되어야 한다. 그리고 이것은 문화콘텐츠 기획 단계에서부터 고려되어야 한다. 따라서 문화콘텐츠 마케팅은 제품이 아니라 문화라는 개념을 염두에 두고, 문화적 생산자와 소비자 모두에게 가치를 제공할 수 있는 일련의 문화적 활동을 위한 커뮤니케이션의 관점에서 이해되어야 한다.

(1) 마케팅에 관한 일반적 가정과 문화콘텐츠 마케팅

문화콘텐츠 마케팅의 중요성에도 불구하고 실제로 성공적인 문화콘텐츠 마케팅은 어떤 것인가 혹은 어떤 것이었는가에 대한 질문에는 명확히 답하기 어렵다. 마케팅의 세계적 권위자인 코틀러(Philip Kotler)는 성공적인 마케팅에 관한 관용적 표현들에 대한 비판을 통해 기존의 마케팅을 넘어서 새로운 마케팅 개념을 도입할 것을 역설한다(Kotler, 1999). 여기서는 이를 소개하면서 마케팅에 관한 일반적 전제와 문화콘텐츠 마케팅 간의 차이점은 무엇인지 살펴보도록 한다.

우선 품질을 높이면 성공한다는 관점이 있다. 문화콘텐츠의 품질에 대한 기준은 사람들마다 다르다는 점에서, 소비자는 품질을 잘 알 수 없다는 점에서, 모든 기업은 고품질을 추구한다는 점에서, 그리고 실제 최고의 품질일지라도 마케팅이 성공적이지 않다는 점에서 고정관념이다. 특히 문화콘텐츠 마케팅의 경우, 감성재와 경험재는 품질을 따지기 쉽지 않다. 문화콘텐츠의 품질은 계량화하기 어렵고, 과학적 혹은 기술적 진보의 산물이 아니기 때문이다.

더 나은 서비스를 제공하면 성공한다는 관점도 있다. 이 또한 사람들마다 서비스의 기준과 정의가 다르다는 데 문제가 있다. 문화콘텐츠 마케팅에서 서비스는 문화콘텐츠 자체가 될 수도 있으며, 소비의 맥락도 매우 상이하다는 점을 염두에 둘 필요가 있다. 다만 문화콘텐츠 마케팅은 고객이 집단화된다기보다 개별화되는 경향이 강하기 때문에 서비스 또한 개인화의 관점에서 진행되어야 한다고 보는 것이 일반적이다.

가격이 저렴하면 성공한다는 관점은 일부 상품에만 해당한다. 문화콘텐츠 마케팅도 이와 마찬가지인데, 감성과 경험이라는 가치는 단지 경제적 가치로만 해석될 수 없기 때문이다.

시장점유율이 높으면 성공한다는 관점은 규모의 경제에만 해당한다. 그리고 시장점유율이 높은 회사 중 수익이 그리 높지 않은 경우도 있다. 문화콘텐츠 마케팅의 경우, 아이디어와 창의력이 강조되며, 그에 따른 킬러콘텐츠가 창조될 수 있다는 점을 유념할 때, 반드시 시장점유율이 중요한 것은 아니다.

적응과 맞춤판매를 하면 성공한다는 관점도 있다. 하지만 실제 수많은 소비자에게 적응하고 맞춤판매를 한다는 것은 쉽지 않은 일이며, 오히려 비효율적일 수 있다. 문화콘텐츠 마케팅은 이를 일부 적용하거나 지향하는 사례가 없는 것은 아니지만, 여전히 쉽게 적용할 수 있는 방법은 아니다. 그럼에도 불구하고 앞서 언급했듯이, 문화콘텐츠 마케팅에서 개인화 및 개별화는 매우 중요하다.

상품을 혁신하면 성공한다는 관점은 물론 타당성이 있다. 제조업에서는 이를 위해 끊임없이 신제품 개발에 노력한다. 창의력에 기반을 둔 문화콘텐츠도 이러한 법칙이 통용될 수 있는 것은 사실이지만, 기획과 마케팅의 관점에서 보면 고려해야 할 사항이 너무 많다는 점에서 기회비용도 따져볼 필요가 있다. 게다가 많은 문화콘텐츠들은 단지 새롭고 최초의 것이기 때문에 대중에게 소구되는 것이 아니며, 오히려 꾸준히 반복되어 소비되는 것들도 존재한다. 이 또한 감성이라는 점이 혁신과 반드시 결부되지 않는다는 점과 연관된다.

고성장시장에 진입하면 성공한다는 관점도 있다. 이는 고부가가치 산업과 연관되며, 일부 선도 기업들은 이 분야에서 성공하기도 했다. 하지만 문화콘텐츠의 특징 중 하나가 '고위험 고수익(high risk, high return)'이라는 점은 자명한 사실이다. 즉 문화 산업 혹은 문화콘텐츠 산업이 고성장 산업이며 고부가가치를 창출하기는 하지만, 동시에 위험 요소도 존재하고 있음을 인식하는 것이 중요하다.

고객의 기대를 초월하면 성공한다는 관점은 고객 만족을 넘어서 고객 감동을 강조하는 것이다. 제조업에서 이는 비용 면에서 계속해서 추구하기 쉽지 않기 때문에 여러 가지 감동 요소 중에서 수익률을 고려하여 이를 특화시킬 필요가 있다. 문화콘텐츠 마케팅의 고객 만족과 감동은 이러한 제조업의 관점에서 동일하게 해석되는 부분도 있지만, 감성과 경험의 문제는 반드시 특정한 법칙이 작동되지 않는다는 점을 다시 한번 고려할 필요가 있다.

(2) 문화콘텐츠 마케팅이 직면하는 난제

문화콘텐츠 마케팅에 관한 일반적 가정과 더불어 현재 문화콘텐츠 마케팅이 직면하고 있는 문제들도 있다. 이는 거시적으로 글로벌 경제의 확대와 매체 환경의 다변화로 요약될 수 있는데, 이에 대해 좀 더 구체적으로 살펴볼 필요가 있다. 우선 첫 번째로 꼽을 수 있는 난제는 스마트한 소비자의 등장이다. 집단 지성, 참여 군중 등의 용어로 대표되는 최근의 소비자는 이전 소비자와 달리 생산자의 일방적인 커뮤니케이션 전략에 쉽게 설득되지 않는다. 이들은 자신들만의 정보 수집 및 공유 등을 통해 제품을 구입하고 평가한다. 두 번째는 치열해진 경쟁이다. 모든 산업 영역이 그러하듯이 문화콘텐츠 시장 또한 경쟁이 치열해지고 있으며, 그에 따라 상품의 수명주기도 짧아지고 예측하기 어려워졌다. 세 번째는 매체 접근 범위의 세분화이다. 마케팅 과정에서 매체 접근은 필수인데, 이전과 다른 최근의 다매체 및 매체 컨버전스 상황은 특정 매체에 대한 명확한 예측이 어렵게 되었으며, 그에 따른 비용도 증가하고 있다.

3) 문화콘텐츠 마케팅에 대한 접근

문화콘텐츠 마케팅을 문화 소비자를 발견하고 이들에게 문화적 상품과 서비스를 제공하는 과정이라고 간략히 정의할 때, 그러한 상품과 서비스를 판매하는 방식은 크게 세 가지 관점에서 접근할 수 있다. 이는 생산 지향적 접근, 판매 지향적 접근, 그리고 고객 지향적 접근이다(Boyd, Walker & Larreche, 1998; Kotler, 2003). 이는 일반적으로 통용되는 물리적 제품에 대한 마케팅 접근 방식이지만, 문화콘텐츠 마케팅 상황에서도 적용이 가능하다. 생산과 판매 그리고 고객이라는 세 지점은 재화의 형태나 특성을 막론하고 반드시 고려되어야 할 요인이기 때문이다.

(1) 생산 지향적 접근

이는 기업 내부의 생산 역량과 시스템에 초점을 둔다. 예를 들어, '자사가 기획할 수 있는 공연은 무엇인가?', '우리 박물관이 전시할 수 있는 것은 무엇인가?'에 대한 문제를 가장 중요하게 인식하는 것이다. 따라서 이러한 접근에서는 생산물로서 문화콘텐츠의 가격 경쟁력 혹은 품질 등에만 집중하게 된다. 여기서 간과하는 것은 실제로 그러한 생산물을 소비할 수요가 있는지에 대한 고려의 문제이다. 종종 공공 문화사업 영역에서 이러한 마케팅이 진행되기도 하는데, 이는 이후의 효과는 고려하지 않은 채 양적 생산의 치중 혹은 기관 중심의 경영으로 이어질 한계를 내포한다.

(2) 판매 지향적 접근

소비자는 문화콘텐츠 구입에 망설이는 존재이다. 판매 지향적 접근은 이러한 가정하에 기업이 적극적인 판매 및 촉진 노력을 기울여야 한다는 관점이다. 이는 문화콘텐츠의 판매량에 초점을 두고 그에 따른 이익을 강조한다는 점에서 실적 위주의 마케팅으로 이어질 수 있으며,

강매까지도 불사하는 공격적인 마케팅의 일환으로 인식하기도 하다. 따라서 무분별한 생산에 의한 한계를 극복하기 위해 판매 지향적 접근이 이어지는 경우가 종종 있다. 이 과정에서 판매 이후의 리스크 관리나 사후 서비스 등은 간과되기도 하며, 판매 과정에서 윤리적 문제가 야기될 수도 있다.

(3) 고객 지향적 접근

고객 지향적 접근은 문화 소비자의 욕구와 요구를 만족시키는 상품을 개발하는 것을 기반으로 마케팅을 진행하는 것에 초점을 둔다. 이는 앞서 반복적으로 강조한 개별화 및 개인화의 관점에서 '개별적인 고객'을 염두에 두고 있으며, 이후에 다룰 일대일 마케팅을 강조한다. 따라서 고객 지향적 접근은 고객점유율, 충성심, 평생가치, 문화적 경험을 장악함으로써 그에 따른 이익을 창출하여 기업의 성장을 목표로 한다. 이를 위해 소비자와의 관계를 중시하고, 문화콘텐츠가 이들과의 커뮤니케이션 관점에서 제공되어야 한다고 인식한다.

하지만 이러한 고객 지향적 접근이 모든 문화적 생산자로 하여금 고객 중심의 시장 원리에 근거하여 문화적 활동을 수행해야 한다는 것을 의미하는 것은 아님을 인식하는 것 또한 중요하다. 다시 말해, 이는 문화콘텐츠가 반드시 트렌드에 근거해야 한다거나, 전통문화가 대중가수 혹은 아이돌 문화보다 낮게 평가되어야 한다는 것을 의미하는 것은 아니다. 고객 지향적 접근의 의미는 문화콘텐츠에 좀 더 쉽게 접근할 수 있도록 하는 것을 비롯해 즐기고, 편안하게 하면서 사람들의 라이프스타일에 더 적합하도록 함으로써 총체적인 경험을 창출하도록 하는 것을 말한다(Bernstein, 2007, p. 20). 이것이 확장되면 사회 지향적 마케팅 개념으로까지 이어질 수 있다. 왜냐하면 '개별적인 고객'에 대한 관심은 결국 사회 구성원들에 대한 관심이며, 이는 곧 사회에 대한 관심이기 때문이다. 따라서 인도주의적 마케팅, 생태학적 마케팅 등이 여기에 포함될 수 있다. 특히 문화라는 개념은 삶의 질과 연관되어 있기 때문에 기업의 과업은 표적시장의 욕구와 요구 그리고 관심사를 결정할 뿐만 아니라, 소비자의 복지와 사회의 복지를 보존 또는 향상하는 데 있어서 경쟁사보다 효율적이고 효과적으로 바람직하게 충족시키는 것이어야 한다.

2
문화콘텐츠 마케팅의 4P 전략

일반적으로 마케팅 믹스는 4P, 즉 상품(Product), 가격(Price), 유통(Place), 촉진(Promotion)이라는 틀을 활용한다. 코틀러는 글로벌 마케팅에서는 여기에 2P를 추가할 것을 제안하는데, 이는 Politics(정치적 요소: 게임

〈표 8〉 마케팅 믹스로서 4P와 4C

4P	4C
Product(상품) 다양성, 품질, 디자인, 특성, 상표명, 포장 및 패키지, 크기 및 형태, 서비스, 보증, 반품	Customer Value/Solution (소비자 가치)
Price(가격) 정가, 할인, 공제, 할부 및 신용 조건, 포인트, 적립	Customer Price/Cost (소비자 비용)
Place(유통) 경로, 범위, 분류(구색), 위치, 재고, 수송	Convenience (편의)
Promotion(촉진) 판매촉진, 광고, 인적 판매, 공중관계	Communication (커뮤니케이션)

규제 관련 셧다운제, 저작권법, 환경법, 문화재보호법 등), Public opinion(여론: 한일 역사 논쟁, 친환경 문제 등)을 말한다.

마케팅 믹스는 생산자 입장을 반영하고 있기 때문에 이에 대응하여 소비자의 관점에서 4C, 즉 소비자 가치(Customer value), 소비자 비용(Customer price), 편의(Convenience), 커뮤니케이션(Communication)도 동시에 고려해야 한다.

1) 상품

문화콘텐츠 마케팅에서 상품(product)은 소비자가 구매하는 문화콘텐츠 자체이다. 하지만 문화콘텐츠의 형태나 경험 방식 등과 관련하여 상품의 종류는 매우 다양하다. 이들은 매체의 활용 형태 또한 매우 상이할 뿐 아니라, 생산과 소비의 맥락 또한 제각각이기 때문에 어떠한 속성을 내포한 상품으로서 일반화하기가 어렵다. 또한 문화콘텐츠는 문화라는 의미에서 알 수 있듯이 미학적, 지적, 교육적 심지어 오락적 경험 또한 제공하며, 실제 소비자는 이러한 가치를 제공받기 원한다. 게다가 문화콘텐츠는 기존 제조업의 상품처럼 규격화하기도 매우 어렵다. 물론 규격화에 대한 문제는 앞서 언급한 문화 산업에 대한 비판적 연구자들에 의해 여전히 비판되는 부분이기는 하지만, 제조업의 상품들과 달리 문화콘텐츠는 창작자의 창의성과 자율성이 해당 '상품의 생산'에서 중요한 역할을 한다는 점에서 차이가 있다.

문화콘텐츠 마케팅에서 상품의 관점에서 초점을 두어야 할 부분은 경험재와 감성재라는 특성을 어떻게 구현하는가에 대한 문제이다. 다시 말해, 경험의 제공과 감성의 소구가 핵심이다. 이는 해당 생산물의 형태 및 종류에 관계없이 공통된 특성이며, 소비자가 문화콘텐츠를 구매하는 이유이기도 하다. 이를 위해 문화콘텐츠는 무엇보다 '품질'을 고민해야 한다. 일반적으로 품질은 성능, 특성, 신뢰성, 내구성, 서비스, 스타일 및 디자인 등이 제기된다. 문화콘텐츠의 품질은 여기에 차별화된 소재, 스토리, 기술, 네이밍 등과 같은 요소는 물론이고, 소비자의 경험 관점에서 인터페이스, 내비게이션 등 일련의 가치에 관한 사항들을 염두에 두어야 한다. 결국 제품에 대한 마케팅 전략은 고객이 추구하는 가치가 무엇인지를 통해 접근해야 한다.

한편 문화콘텐츠 마케팅에서 상품으로서의 문화콘텐츠는 'OSMU'를 반드시 고려해야 한다. 즉 파생 상품, 확장 상품은 본래 상품의 구매를 촉진할 뿐만 아니라, 새로운 가치를 창출할 기회이기 때문이다. 최근에는 OSMU를 넘어서 트랜스미디어의 관점에서 상품의 확장성을 꾀하기도 한다. 즉 순차적이고 반복적인 구성이 아니라 다양한 미디어 플랫폼을 통해 동시 다발적으로, 그리고 전체 구성을 염두에 두면서도 개별적인 콘텐츠의 독립성을 강조하는 전략이 문화콘텐츠에서의 트랜스미디어 전략이다.

2) 가격

가격이 기획, 경영, 마케팅에 이르기까지 매우 중요한 요소임은 틀림없지만, 적어도 마케팅 믹스에서 다른 것들보다 우위에 있는 결정적인 요인은 아니다. 왜냐하면 이 또한 문화콘텐츠가 경험재와 감성재라는 특성에 의해 특별한 경험과 감성을 위해서라면 가격은 문제 될 것이 없기 때문이다. 그럼에도 불구하고 이는 앞서 문화콘텐츠 경영의 장에서 다룬 바와 같이, 모든 문화콘텐츠에 적용되는 것은 아니기 때문에 소비자 기반을 넓히고 기존 소비자를 계속해서 유지하기 위한 차원에서 중요한 이슈임은 분명하다.

가격이라는 것은 복합적인 의미를 담고 있는 개념임을 이해하는 것이 중요하다. 동일한 품질을 가졌다고 하더라도 가격이 저렴한 상품이 비싼 상품보다 반드시 많이 소비된다고 볼 수 없기 때문이다. 따라서 가격은 '가치'의 관점에서 접근해야 한다. 이는 고객이 각기 다른 가치 인식을 가지며, 그로 인해 가격에 대한 인식도 각기 다르다는 것을 의미한다.

많은 문화콘텐츠 상품들은 그것을 소비하기 위해 시간이 소요된다. 즉, 즐기기 위해 시간을 투자해야 하기 때문에 가격의 문제는 그러한 시간의 가치와도 연관이 있다. 따라서 가격 정책은 그러한 시간의 소요에 대한 비용도 고려하여 수립할 필요가 있다.

한편 일률적인 가격 정책보다 소비자에 따른 가격 정책을 고려하는 것도 한 가지 방법으로 제시할 수 있다. 이는 공연 같은 문화콘텐츠에서 주로 활용하는데, 좌석의 형태에 따라 가격을 달리 책정함으로써 요구 조건에 따라 더 많은 소비자를 유도하는 방법이 되기도 한다. 또한 게임 같은 경우 일률적으로 유료화를 시행하거나, 무료일지라도 광고를 남발하는 것보다 다양한 소비자의 여건에 따라 가격 정책을 차별화할 필요가 있다. 일례로 '앱 내 결제(in-app purchase)' 같은 가격 정책이 최근 모바일 환경에서는 일반적이기도 하다.

여기에 추가하여 가격 정책은 욕구와 지급 능력에 따른 소비자의 개발과 동시에 진행될 필요가 있다. 또한 일회적 소비자 혹은 충성도 높은 소비자 등으로 소비자를 차별하여 전략을 수립해야 한다. 이와 함께 시공간에 대한 가격 차별화도 고려할 만하다. 지역 내 문화 사업의 경우 지역주민 할인을 한다거나, 영화의 조조할인 정책이 그러한 대표적 사례이다. 여기에 덧붙여 제휴 할인, 수량 할인, 계절 할인, 선주문 할인, 현금 할인 그리고 현금 및 포인트 반환 등과 같은 각종 할인 혜택 또한 가격 정책에 포함되어야 한다.

이러한 관점에 비춰보면, 가격 문제는 정가, 할인, 공제, 할부 및 신용 조건, 포인트, 적립 등과 같은 일련의 상황들을 어떻게 고려해야 하는가에 대한 논의가 된다. 동시에 문화콘텐츠 마케팅은 이러한 사항들을 소비자의 다양한 상황과 여건에 부합하도록 조직해야 한다.

3) 유통

일반적인 마케팅에서 유통 문제는 도매업자, 유통업자, 중개인,

소매상 등과 같은 일련의 유통 단계에 대한 설계나 관리 등을 의미한다. 하지만 문화콘텐츠 마케팅에서 유통은 기존의 '경로' 관점과 차이가 있다. 우선 박물관, 축제, 테마파크, 공연 등과 같은 오프라인 · 공간형 콘텐츠의 경우, 유통은 마케팅의 관점에서 공간에 접근해야 한다. 따라서 해당 공간이 어디에 위치하는가에 따라 문화콘텐츠의 가치와 경험 방식은 크게 달라질 수 있다. 접근성 외에 공간의 지리적 · 역사적 · 문화적 · 사회적 의미가 중요한 이유가 여기에 있다.

이에 반해 온라인 · 디지털 콘텐츠의 경우, 유통은 가상공간에 대한 최적화 및 사용성의 문제와 연관된다. 여기서는 게임, 웹, 애플리케이션 등의 콘텐츠를 어떻게 접할 수 있게 하는가에 대한 논의가 수반된다. 덧붙여, 온라인 · 디지털 콘텐츠는 최근 들어 플랫폼이 유통의 중요한 지점이라는 점을 인식할 필요가 있다. 플랫폼은 직접적인 유통 채널이라기보다는 대리인 혹은 중개인의 관점에서 해당 콘텐츠가 고객과 만나는 지점이기 때문이다.

공통적으로 유통의 관점에서 제기할 수 있는 또 다른 문제는 판매망 혹은 구매 경로에 관한 것이다. 오프라인 콘텐츠의 경우, 실제 공간 · 장소에서 문화콘텐츠를 구매(티케팅)할 수 있지만, 최근에는 오프라인 · 온라인 콘텐츠 모두 온라인 공간 속에서 판매하는 경우가 일반적이다. 물론 생산자가 사체 결제 시스템을 구축하는 경우도 있다. 하지만 앞서 언급한 바와 같이, 대부분은 다양한 플랫폼 사업자와 계약하여 소비자에게 접근성을 더욱 높일 뿐만 아니라, 소비자가 각자의 상황에 따라 각종 혜택을 받을 수 있는 방향으로 진화하고 있다.

따라서 인터넷을 통한 유통의 문제는 이제 가장 중요한 이슈 중 하나인데, 실제로 이는 문화콘텐츠의 생산자 및 소비자 모두에게 제공하는 편익이 많다는 점에서 주목할 만하다. 그중 가장 중요한 편익은 역시 노동력, 임대료 등의 절감 효과로 인해 가격 경쟁력을 높일 수 있다는 것이다. 즉, 예전과 같은 면대면의 영업 방식이나 판매가 아닌 다양한 비대면 유통 방식이 생산자와 소비자 모두에게 편익을 제공해줄 수 있는 상황이 되었다. 그리고 유통 방식의 다변화는 가격에 대한 문제뿐 아니라, 인터넷이 상품에 대한 정보 및 촉진의 관점에서 다양한 판촉 행위를 할 수 있다는 장점도 있다. 이러한 배경으로 인해 최근 웹을 기반으로 한 유통의 중요성은 계속해서 강조되고 있으며, 그에 따라 다양한 미디어를 통해 제공되는 웹 자체의 내용은 물론이고 인터페이스, 내비게이션, 디자인 등 여러 요소도 생산자와 소비자 모두에게 유용하도록 개발되고 있다.

4) 촉진

촉진은 기본적으로 관계(relationship)와 미디어라는 문제를 수반한다. 이에 대해서는 앞서 문화콘텐츠 기획의 홍보 전략 부분에서 일부 다루었다. 여기서는 촉진 문제를 커뮤니케이션의 관점에서 논의하도록 한다. 커뮤니케이션이란 상호적이라는 의미를 내포하고 있기 때문에 촉진의 여러 방법이 문화적 생산자 중심에서 일방적인 정보 전달로 이어져서는 안 된다. 마케팅의 관점에서 촉진은 소비자에게 최대한 많은 정보를 제공함으로써 소비자가 제품을 구매토록 하는 것이 가장 중요한 목적이지만, 기존의 광고, 이벤트, 판촉 등은 커뮤니케이션의 한계를 가지고 있는 것도 사실이다. 이들이 촉진을 위한 방법임은 분명하지만, 문제는 이들이 대부분 대량 마케팅 혹은 매스 마케팅의 관점에서 진행되기 때문이다. 물론 여전히 대량 마케팅이나 매스 마케팅이 영향력을 행사하고 있는 것도 사실이다. 하지만 최근의 소비 트렌드나 미디어 환경 재편 등의 상황은 소비자와의 직접적인 커뮤니케이션을 강조토록 한다.

(1) 고객 관계 마케팅

일대일 마케팅은 흔히 고객 관계 마케팅(customer relationship marketing)의 관점에서 논의되는데, 이는 고객 이탈률을 줄이고, 고객 관계의 수명 기간을 증가시키며, 고객의 성장 잠재력을 높이고, 이익을 창출하는 고객으로 바꾸며, 고가치 고객에 대한 노력을 강조하는 특성이 있다(Kotler, 2003, p. 79). 따라서 촉진은 대량 마케팅과 일대일 마케팅이 동시에 진행되어야 하며, 이를 통해 양자가 가지고 있는 촉진 방법의 한계를 극복할 필요가 있다.

일대일 마케팅에 관한 논의는 돈 페퍼스(Don Peppers)와 마르타 로저스(Martha Rogers)의 유명한 저서인 《The One-to-One Future》에서 그 기초가 제시되었다. 여기서 이들은 일대일 마케팅에 관한 4단계 틀을 제시하고 있다(Peppers, D. & Rogers, 1993). 이는 거래 기반 마케팅에서 탈피하여 관계 마케팅의 관점에서 일대일 마케팅을 지향해야 함을 강조한다.

좀 더 구체적으로 일대일 마케팅은 우선 예상 잠재 고객과 기존 고객을 확인하고, 이를 구분해야 한다는 것이다. 이는 모든 고객이 '우리의 고객'이라는 기대와 망상에서 벗어날 것을 강조하는 대목이다. 그 다음으로, 고객의 욕구 및 자사에 대한 고객의 가치를 기준으로 고객을 차별화할 것을 강조한다. 특히 가장 가치 있는 고객인 최우수고객(most valuable customers, MVCs)에 대해 노력을 기울여야 한다. 실제 많은 공연사 그리고 문화콘텐츠 기획 분야는 아니지만 백화점 같은 영역에서는 이러한 고객을 별도로 관리하고 이들에게 맞춤 정보와 서비스를 제공한다. 최근에는 일부 게임회사 등에서 충성도 높은 고객에게 별도로 서비스를 제공하는 등의 고객관리를 진행하기도 한다. 다음으로 개인의 욕구에 대한 기업의 학습 수준을 향상시키고, 동시에 고객과의 강력한 관계를 구축하기 위해 개별 고객과 적극적으로 상호작용할 것을 강조한다. 이를 통해 마지막으로는 각 고객에 대해 제품, 서비스, 정보 및 메시지를 고객화해야 한다. 이러한 관점에 비추어 대량 마케팅과 일대일 마케팅을 비교하면 다음과 같다.

〈표 9〉 대량 마케팅과 일대일 마케팅

대량 마케팅	일대일 마케팅
평균적인 고객, 알 수 없는 고객, 표준적인 제품, 대량 생산, 대량 유통, 대량 광고, 대량 촉진, 일방적 정보 전달, 규모의 경제, 시장점유율 강조, 모든 고객 중시, 고객 유인 강조	개별 고객, 고객 명세(프로파일), 고객화된 상품과 서비스, 고객화된 생산, 개별화된 유통, 개별화된 정보, 개별화된 장려책, 양방향적 메시지, 범위의 경제, 고객점유율 강조, 수익성을 창출하는 고객 중시, 고객 보존 강조

대량 마케팅과 일대일 마케팅의 가장 큰 차이점은 강조점을 시장에 두는가 아니면 고객에 두는가에 있다. 사실 시장이나 고객 모두 매출과 직결된 영역이며, 대량 마케팅이건 일대일 마케팅이건 매출을 늘리기 위한 방법인 것은 분명하다. 다만 접근과 마케팅 주체의 입장이 다른 것이며, 위의 대조표는 그러한 차이를 제시한 것이다.

여기서 일대일 마케팅의 경우, 고객 명세(프로파일)는 마케팅 '시나리오'를 작성하는 과정과도 연관된다. 가령, 가상적인 특정 · 타깃 고객을 설정하고, 이에 대한 구체적인 프로파일 작성을 통해 해당 고객이 어떠한 욕구 · 이유 · 경로로 제품을 구매하며, 이후 어떠한 활용을 하며, 그에 따른 추후 서비스 제공이나 제품 보완이 필요한가에 대한 문제 해결에 활용할 수 있다.

(2) 데이터베이스 마케팅

한편 일대일 마케팅과 같은 고객 관계 마케팅은 고객 데이터베이스를 통한 데이터베이스 마케팅의 관점에서도 접근이 가능하다. 우선 데이터베이스 마케팅은 단지 고객에 대한 간단한 정보인 성명, 주소, 연락처 등만 수록된 고객 우편 명단을 활용하는 것이 아님을 인식하는 것이 중요하다. 고객 데이터베이스는 이보다 좀 더 구체적인 고객에 관한 이력이 포함된다. 예를 들어 고객 거래 실적, 전화 요청 유무, 이메일, 취미, 특기, 기념일, 소득, 직업, 연령, 학력, 가족 수, 결혼 여부, 자동차 유무, 관심사, 외모, 대체재의 활용, 선호 매체, 기타 라이프스타일 등과 같은 일련의 고객 정보가 수록된다.

이러한 고객 데이터베이스의 장점은 정보를 통해 고객의 반응과 그에 따른 예상 잠재 고객을 확인하며 이들을 확보할 수 있다는 것이다. 동시에, 모든 소비자에게 동일한 정보와 서비스를 제시하는 것이 아니라, 맞춤형 접근이 가능한 이점도 있다. 그에 따라 소비자의 선호도별로 다양한 혜택을 제시함으로써 소비자 이탈률을 감소시킴과 동시에 상품과 기업에 대한 충성도를 높일 수 있다.

또한 고객 데이터베이스를 통해 기업의 장기 전략 수립을 도모할 수도 있으며, 마케팅 리서치의 자동화로 인한 업무의 효율화를 기대할 수도 있다. 결국 이는 소비자로 하여금 구매를 유도하기 위한 방법이며, 동시에 커뮤니케이션의 관점에서 소비자의 오해를 최소화할 수단이 된다. 최근에는 이에 대한 방법이 뉴미디어 활용을 통해 구체화되고 있는데, 그 대표적인 것이 빅데이터이다. 빅데이터를 통해 고객의 상품에 대한 충성도, 관련 관심 상품, 상품의 탐색 및 조건 등에 대한 요구도 파악함으로써 맞춤형 서비스를 제공할 수 있다. 추가로 많은 디지털 상거래에서는 해당 콘텐츠에 관한 타 구매자 및 이용자의 평가 및 평판이 매우 중요하게 부각되고 있는데, 이를 정보로 활용하여 신규 구매자가 탐색 비용을 절감하고 있기 때문이다.

이러한 데이터베이스 마케팅은 최근 들어 퍼미션(permission) 마케팅을 가능케 했다. 세스 고딘에 의하면, 퍼미션 마케팅은 마케팅의 홍수 속에서 경쟁 우위에 서기 위해 고객의 허가를 받을 필요가 있음을 강조하는 개념이다(Godin, 1999). 고객의 허가를 받기 위해서는 우선 고객이 원하는 바를 알아야 하며, 이를 위해 고객에 대한 데이터베이스를 분석할 필요가 있다. 퍼미션 마케팅은 고객의 허가를 통해 그들의 구매 습관 및 패턴을 수집하고 분석함으로써 고객에게 개인화된 메시지를 제공한다는 점에서 데이터베이스 마케팅 및 일대일 마케팅의 한 종류로 이해될 수 있다.

그럼에도 불구하고 데이터베이스 마케팅의 단점 또한 없는 것은 아니다. 우선 고객 정보가 다량으로 확보되어야 하는데, 이에 대한 인력과 각종 제반 사항에 대한 비용이 많이 든다는 점을 지적할 수 있다. 이 문제는 최근에 들어와서는 앞서 언급한 빅데이터를 통해 비용 절감으로 이어지고 있으며, 이전보다 훨씬 더 많은 고객 정보를 확보할 수 있는 추세이기도 하다. 게다가 빅데이터를 통한 고객 정보 확보에 관한 플랫폼들도 다양한 방식으로 개발되고 있다.

한편 고객 데이터베이스는 '진실하지' 않을 수 있다는 점도 고려해야 한다. 고객 정보가 허위로 작성된 것일 수도 있고, 경우에 따라서는 충성도 높은 고객이 아닐 수도 있기 때문이다. 이는 또한 상품의 특성에 따라 다른 효과를 가져올 수 있다는 점을 의미하는데, 고가의 해외여행 같은 경우 동일 소비자의 재구매 혹은 반복적 구매가 많지 않을 수 있다는 점에서 고객 데이터베이스는 큰 가치가 없을 수 있다. 또한 최근 개인정보 유출 및 정보 거래 등의 사회적 문제로 인해 소비자가 자신의 정보에 대한 유출에 거부감을 가지고 있기 때문에 그에 따른 보완책도 반드시 필요하다.

3
문화콘텐츠 마케팅의 STP 전략

1) 시장 세분화

문화콘텐츠 마케팅 환경에서 시장은 매우 광범위하며 동시에 상이한 종류들로 공존하고 있음을 인식할 필요가 있다. 또한 그 시장들은 소비자의 성향에 따라 중복되기도 한다. 따라서 시장 세분화(segmentation)를 통해 하나의 시장을 유사하고 동질적인 집단으로 구분하며, 이를 통해 시장에 대한 진입과 점유율을 높이도록 해야 한다. 즉, 전체 소비자 집단인 전체 시장을 특정 소비자 집단의 특정 시장으로 나누는 과정이 필요하다.

우선 시장의 세분화는 몇 가지 기준 변수에 의해 가능하다. 가장 일반적인 시장 세분화 변수는 인구통계학적 변수이다. 이는 국적, 연령, 성별, 소득, 가족 수, 결혼 여부, 직업, 학력, 종교, 사회계층, 준거

집단 등을 기준으로 하여 시장을 특정화할 수 있음을 뜻한다. 여기에 최근 한국 사회에서는 다문화사회의 관점에서 인종 · 민족 문화에 대한 요인도 변수가 될 수 있다. 이는 정체성 문제와 연관되며, 세대로의 전이 등을 통해 라이프스타일에까지 영향을 미칠 수 있다. 다음으로 지역, 기후, 도시와 시골, 산간 지역과 해안 지역 등과 같은 지리적 변수도 이용될 수 있다. 그리고 심리적 변수인 자기표현 욕구, 개성, 라이프스타일 및 기호, 소속감 등을 기준으로 삼을 수도 있다. 이외에도 구매와 직접적으로 연관되는 행동적 변수인 태도(열광적/긍정적/무관심/부정적/적대적), 구매량, 이용 및 구매 상황(일반적/특수적), 브랜드 충성도, 추구 편익(품질/서비스/경제성/속도/양/규모), 구매 준비태세(비인지/인지/정보획득/관심/열망) 등의 기준들도 활용할 수 있다.

한편 심리학자 매슬로(Abraham Harold Maslow)는 욕구 계층 이론을 토대로 어떻게 주위 환경이 인간의 내적 욕구를 충족시키도록 동기를 부여하는가에 대해 설명한다(Maslow, 1987). 그에 의하면, 인간의 욕구는 높은 수준으로 가기 위해 낮은 수준의 욕구부터 만족되어야 하는데, 각 단계에서의 만족은 인간을 좀 더 성숙하도록 만든다. 가장 낮은 욕구는 생리적 욕구(배고픔, 목마름 등)이며, 다음으로 안전의 욕구(방어, 보장), 사회적 욕구(사랑, 소속감), 존경 욕구(지위, 인정), 자기실현 욕구(자기 계발, 자아실현) 순으로 나타난다. 이러한 욕구들은 사람들이 경제, 문화 등 사회적 행위를 하는 데 있어서 동기를 부여함으로써 문화콘텐츠가 제공해야 할 가치, 그리고 이를 분석하기 위해 시장으로서 집단을 세분화하는 데 유용한 요인으로 활용될 수 있다. 다시 말해, 문화콘텐츠는 각 소비자의 욕구 수준을 충족시키기 위한 다양한 방법으로 제공될 수 있다.

중요한 것은 이러한 기준들을 통해 시장을 세분화하는 것이 아니라, 그러한 특정 시장들이 마케팅의 관점에서 시장으로서의 역할을 할 수 있어야 한다는 점이다. 이에 대한 요건으로 코틀러는 다섯 가지를 제시한다(Kotler, 2003). 우선 시장은 측정이 가능해야 한다. 이는 세분 시장의 규모와 구매력 및 시장으로서의 특성이 실증적으로 측정될 수 있어야 함을 의미한다. 동시에 이는 실질적인 시장이어야 한다. 즉 세분시장이 충분한 규모가 되거나 수익이 발생할 수 있어야 하며, 가능한 한 동질 집단의 규모가 커야 한다. 투자비보다 수익이 현저하게 작으면서도 향후 전망이 어둡거나 집단의 규모가 매우 작으면 시장으로서의 가치가 없다. 또한 세분 시장에는 접근이 가능해야 한다. 접근 문제는 상품의 제공 유무와 직결된다. 한편 세분 시장은 차별적 가능성을 가지고 있어야 한다. 이는 세분 시장이 개념적으로 분리되어 인식 · 이해될 수 있어야 한다는 것이며, 그에 따른 상이한 마케팅 전략에 반응해야 시장으로서 가치를 지닌다는 것을 의미한다. 예를 들어, 고등학생과 대학생이 동일하게 축제 입장료 할인 혜택에 반응했다면, 이들은 개별적인 세분 시장으로 인정될 수 없다. 마지막으로 행동 가능성이 있어야 한다. 이는 세분 시장을 유인하고, 그 세분 시장에 제공할 수 있는 효과적인 마케팅 전략을 수립할 수 있는지에 대한 정도와 연관된다. 즉, 마케팅 전략을 수립할 수 없거나 통용할 수 없다면 세분 시장으로서 가치가 없다. 시장 세분화에 대한 문제의 귀결점은 시장이 실증적으로 제시되어야 한다는 것이며, 이를 전제로 구체적인 마케팅 방안을 수립할 수 있다는 것이다.

2) 표적시장 전략

표적시장(targeting) 선정은 앞서 언급한 여러 세부 시장 중 고객의 욕구를 충족시켜주고 기업에 최대의 이익을 가져다줄 수 있는 시장을 결정하는 과정이다. 표적시장을 선정하는 기준은 몇 가지가 있다. 다음 그림들에서 가로축은 시장(m1, m2, m3)을, 세로축은 제품(p1, p2, p3)을 의미한다(Derek, 1980, pp. 192-196). 우선 단일 세분 시장에 집중하는 집중 마케팅이다. 예를 들어, 어린이를 위한 모바일 교육용 게임에만 집중하는 회사를 들 수 있다. 이는 효과에 극대화를 가져올 수도 있지만, 다양한 외부적 변수에 의해 위험할 수도 있다. 만약 그러한 모바일 미디어 활용에 대한 유해성 논란이 있을 경우, 기업은 어려움에 처할 수 있기 때문이다. 하지만 제한된 자원을 확보하고 있는 기업일 경우, 단일 세분 시장에 집중함으로써 마케팅 비용을 줄이고 집중적 고객 확보를 꾀할 수 있다.

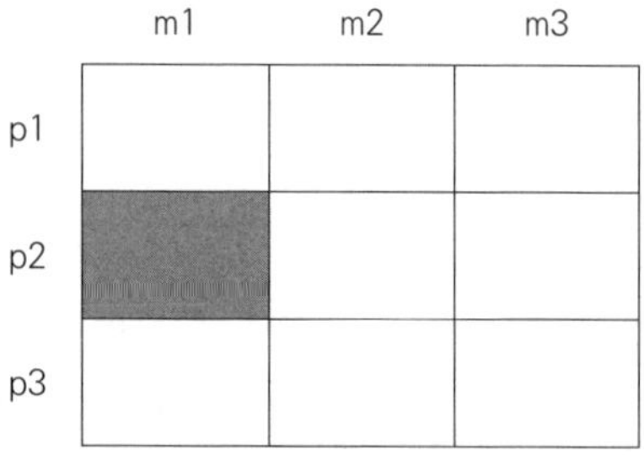

〈그림 2〉 단일 세분 시장

다음으로 선택적 전문화 마케팅을 들 수 있다. 이는 각각의 세분 시장이 기업에 충분한 이득을 줄 수 있을 정도로 유리한 조건을 가지고 있을 때 적용할 수 있다. 물론 이러한 상황은 기업의 목표에 부합해야 하며, 재원 또한 충분히 확보되어야 한다. 다시 말해, 이는 일종의 다각화 전략으로 볼 수 있다. 많은 문화 사업 단체, 특히 지자체의 공연 시설 등은 이러한 전략을 통해 지역민의 문화복지를 가능케 한다. 예를 들어, 시즌별로 나누어 전통문화 공연, 해외 작품 공연을 한다거나, 어린이를 위한 동요 뮤지컬, 청소년을 위한 고전 작품 연극, 노년층을 위한 판소리 공연 등 다양한 공연을 개최하는 것이 그러한 방법이다. 영리 기업의 경우, 해당 상품에서 매력도가 떨어지게 되면 다른 상품을 통해 수익성을 강화하거나 다양화할 수도 있으나, 재원 확보라는 부담은 여전히 존재한다.

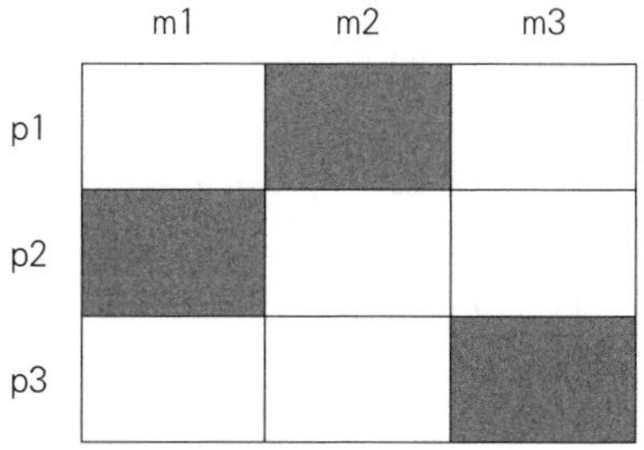

〈그림 3〉 선택적 전문화

다음으로는 제품 전문화 마케팅이다. 이는 여러 세분 시장에 판매할 수 있는 제품 생산에 집중하는 것을 의미한다. 가령, 한글 배우기 교육용 게임 전문 업체가 유아용, 어린이용, 외국인용 등으로 대상에 따른 전문적인 제품 생산에 주력하는 것을 의미한다. 이는 다양한 고객 집단을 위해 상이한 제품을 생산함으로써 그 분야에 대한 전문 업체로 인정받을 가능성이 있다. 하지만 이보다 더 학습 효과가 좋은 새로운 기술이나 기능을 가진 기업에 의해 혹은 상품 트렌드의 변화에 따라 그 제품이 대체되거나 더 이상의 유용성이 없어진다면 해당 업체는 위험에 처할 수도 있다. 이에 대처하기 위해서는 기술 개발과 동시에 계속해서 고객 집단을 발굴해야 한다.

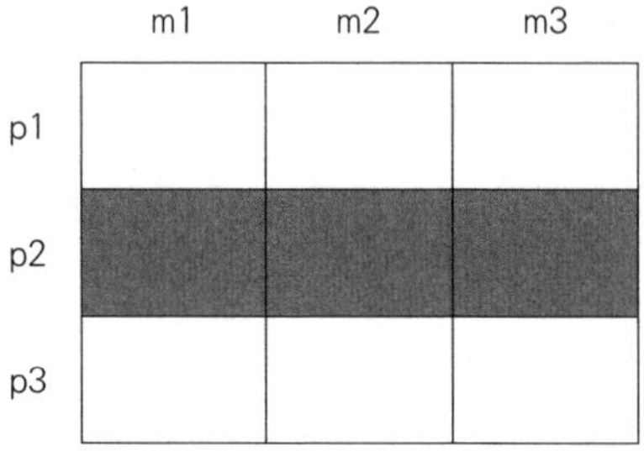

〈그림 4〉 제품 전문화

시장 전문화 마케팅은 특정 고객 집단을 대상으로 하지만, 이들의 여러 욕구를 충족시키는 데 집중한다. 예를 들어, 앞서 한글 배우기 교육용 게임 전문 업체가 개인을 대상으로 한 가정용 혹은 부모와 함께 배우기용, 단체 어린이집용, 혼자 학습하기용 등 다양한 어린이용 제품만 생산하는 경우가 그것이다. 즉, 소비자의 다양한 관심과 그에 따른 혜택이 일치하는 일종의 상품 변형 형태를 통한 마케팅 방식이다. 이는 특정 고객 집단에 대한 전문화를 통해 강한 브랜드 명성을 획득하게 되며, 그러한 고객 집단이 신제품 전체에 대한 고객이 될 수 있는 장점이 있다. 하지만 그러한 고객 집단이 여러 외부 요인에 의해 한글

이 아니라 영어, 수학 등과 같이 교육용 게임 내용에 대한 변경을 하는 경우 업체는 새로운 시장 개척을 위한 비용 부담 등과 같은 위험에 처할 수 있다.

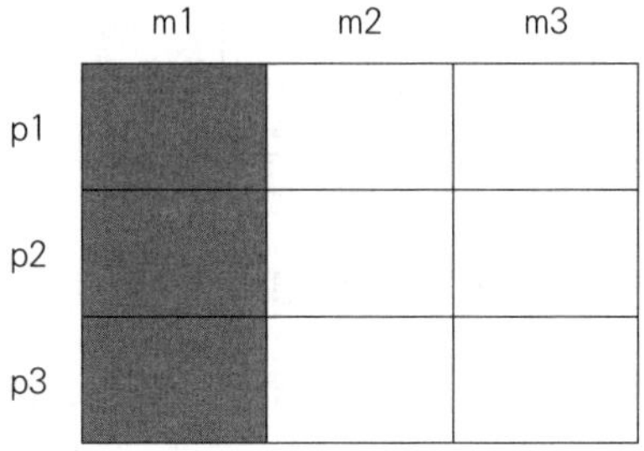

〈그림 5〉 시장 전문화

마지막으로 전체 시장 확보 마케팅이다. 이는 일반적으로 대기업이나 규모의 경제에서 가능한 무차별적 마케팅이다. 제조업 및 식음료 업계에서는 코카콜라, 맥도날드, 삼성전자 등과 같은 대기업에서 주로 시행하며, 문화콘텐츠 산업 영역에서는 디즈니와 같은 회사가 이러한 전략을 활용한다. 물론 디즈니의 애니메이션을 어린이들이 많이 관람하는 것은 사실이지만, 이는 실제 청소년, 성인들이 경험함에 있어서도 유치하거나 식상하지 않도록 화려한 영상을 통한 스펙터클과 뛰어난 가창력 및 연주를 바탕으로 한 사운드트랙 등을 제공함으로써 전 연령층에 골고루 소구된다. 또한 디즈니는 보편적인 메시지와 스토리 전개를 통해 특정 문화권의 문화 상품이 다른 문화권으로 진입했을 때 다양한 문화적 차이로 인해 해당 상품의 가치가 떨어지는 현상인 문화적 할인율 또한 상대적으로 낮은 편이다.

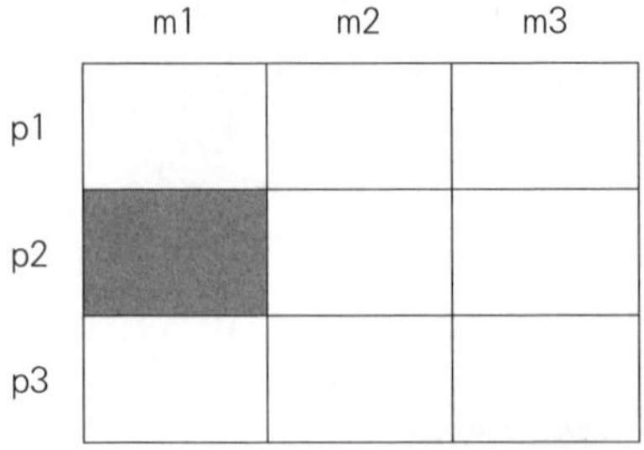

〈그림 6〉 전체 시장 확보

실제 이러한 표적시장 선정이 기업의 경쟁력을 높이고 이윤을 가져올 수 있는 방법이 될 수 있는 것은 분명하지만, 선정에서 고려해야 할 부분도 있다. 우선 표적시장을 선정함에 있어서 표적시장의 윤리적 선정이 필요하다. 예를 들어, 선정적이고 폭력적인 콘텐츠로 청소년을 유인한다거나, 성차별적, 지역 혹은 출신에 관한 차별적인 마케팅 그리고 사회 소외 계층을 부당하게 이용하는 등의 방법은 비판받을 소지가 다분하다. 그리고 특정한 시장에 안착했을지라도 다양한 외부 변수 등이 발생할 가능성이 있기 때문에 추후 혹은 장기적인 침투 계획을 수립함으로써 위험에 대처할 수 있어야 한다.

3) 포지셔닝

포지셔닝(positioning)이란 각각의 표적 세분 시장에 대해 해당 기업의 상품에 대한 중요한 특징이나 이점을 개발하고 그에 따른 전략을 수립하는 것이다. 이는 표적 세분 시장 고객의 인식 · 마인드에 해당 상품만의 독특한 위치를 확보하기 위해 자사의 제품과 서비스에 대한 일련의 계획을 체계화하는 과정이다. 따라서 포지셔닝의 최종 결과는 표적시장이 해당 제품을 구입하는 이유를 단순하고 분명하게 설명하는 고객 집중적 가치제안을 성공적으로 창조하는 것이다. 이러한 관점에서 보면, 포지셔닝은 상품에 대한 어떤 행동을 하는 것이 아니라 잠재 고객의 마인드에 어떤 행동을 가하는 것이라 할 수 있다. 즉 포지셔닝이란 상품 자체에 어떤 행동을 가하는 것이 아니라는 점에서 상품 포니셔닝에 치중하는 것이 아니며, 비록 상품과 함께 시작될지라도 그 지향점은 고객의 마인드에 대한 공격이자 진입임을 분명히 인식해야 한다.

현대사회는 수많은 기업과 상품이 존재하며, 그에 따른 광고 및 홍보 등의 마케팅 소음이 매우 많다. 따라서 현대의 소비자는 수많은 상품을 선택하고 소비하는 과정에 직면하게 되는데, 포지셔닝은 그러한 결정 과정에서 도움을 주는 일종의 '상품 인식 지도'이다. 다시 말해, 포지셔닝은 여러 상품 중 해당 상품이 다른 상품과 어떠한 관계 속에서 소비자의 상품 인식 지도에 '위치(포지셔닝)'하고 있는가에 대한 문제이다. 이러한 상황에서 포지셔닝 전략을 성공적으로 수행하기 위해 가장 중요한 고려사항은 고객의 마인드에 대한 진입을 하나의 일관된 메시지를 통해 진행해야 한다. 여기서 고객의 마인드에 진입하는 가장 좋은 방법은 업계나 관련 분야에서 '1등'이 되는 것인데, 실제로 이는 쉽지 않은 상황이다. 이를 위해 독특하고, 일관되며, 명확한 메시지를 전달하는 것이 중요하다(Ries, A. & Trout, J., 2000). 결국 포지셔닝은 상품에 대한 인식의 범위와 범주를 명확히 제시하는 과정을 의미하며, 이를 통해 해당 상품에 대한 소비자의 인식이 이성적인 접근을 통해서가 아니라 직관적으로 파악되게끔 설정되어야 한다.

이러한 포지셔닝을 전략으로 활용하기 위해서는 여섯 가지로 나누어 살펴볼 수 있다(Aaker, D. A. & Shansby, J. G., 1982). 우선 상품 속성에 의한 포지셔닝이다. 이는 상품의 규모(가장 큰, 넓은, 작은), 역사(100년의 역사, 가장 오래된), 이점(가장 안전한, 가장 편안한, 가장 빠른), 외형적 특징(디자인, 패키지) 등으로 포지셔닝하는 방법이다. 두 번째는 상품의 품질 · 가격에 의한 포지셔닝이다. 세 번째는 상품이 특별하게 사용 및 적용되는 경우를 강조하는 포지셔닝이다. 가령, '서울에서 1시간 거리', '과학 학습과 놀이가 동시에 가능한 박물관' 등과 같은 사례가 그것이다. 네 번째는 사용자 범주에 의한 포지셔닝이다. 이는 특정 사용자 집단을 강조하는데, 예를 들어 '호기심 많은 초등학생을 위한 과학 테마파크', '키덜트를 위한 전시회' 등이 그것이다. 다섯 번째는 제품 범주에 의한 포지셔닝이다. 이는 상품이 어떠한 특정 범주에서 선도자라는 점을 강조하는 포지셔닝이다. 예를 들어, 많은 박물관이 있지만 '악기 분야에서는 대한민국 최고의 박물관' 같은 전략이 그것이다. 마지막으로 경쟁사와 대조되는 전략으로서의 포지셔닝도 있다. 이는 자사의 상품이 특정한 경쟁사보다 어떠한 방법 · 방식으로든 더 나은 방향에서 대조된다는 점을 강조하는 것이다. 예를 들어, '디즈니보다 더욱 환상적인', '에버랜드보다 더욱 짜릿한' 등이 그것이다.

한편, 모든 포지셔닝이 성공적일 수 없다는 점도 염두에 둘 필요가 있다. 즉 포지셔닝의 개념 자체가 매우 혼란스럽거나 이해가 안 되는 경우, 자신들의 능력을 넘어서는 매우 과도한 해석이나 수준 이하의 표현을 활용하는 경우, 그리고 독특할지라도 실제 소비자가 별 관심을 보이지 않는 포지셔닝은 피해야 한다. 이렇듯 실패하는 포지셔닝은 결국 앞서 언급한 상품 인식 지도에 해당 상품의 위치를 제대로 설정하지 못했음을 의미한다.

4) 차별화 전략과 경쟁사 대처

포지셔닝이 표적집단에 기업이나 기업의 상품 및 서비스에 대한 핵심적인 아이디어를 전달하는 것이라면, 이는 소비자로 하여금 그 '실체'에 대한 단순화된 인식을 부여하는 작업이라 할 수 있다. 따라서 차별화 전략은 그 '실체'를 논리적으로 특성화하는 방법으로서 포지셔닝보다 좀 더 구체적이고 세밀한 차원에서 진행된다. 다시 말해, 차별화 전략이란 자사의 상품 및 서비스가 경쟁사의 그것과는 구별 · 차별되도록 특화시키는 과정에 대한 실행 전략으로 이해할 수 있다. 이는 가치가 있는 차이점을 추가하는 과정으로 정의한다. 덧붙여, 이러한 차별화

〈표 10〉 차별화 전략의 차원

제품 차별화	서비스 차별화	인적 차별화	경로 차별화	이미지 차별화
형태, 특성, 성능 품질, 적합성 품질, 내구성, 신뢰성, 수선 용이성, 스타일	간편한 주문, 빠른 배송 및 환불 · 교환, 설치, 고객 상담, 유지 및 보수	능력, 예절, 믿음성, 신뢰성, 적응성, 커뮤니케이션	범위, 전문지식, 성과, 이용 범위, 매체 경로	상징물, 다양한 매체(문자, 청각 매체, 공간, 장소), 분위기, 행사 및 이벤트

전략은 앞서 다루었던 4P와 연관된다. 차별화 전략은 위의 표와 같이 크게 다섯 가지 차원에서 진행될 수 있다(Kotler, 2003).

차별화 전략에서도 문화콘텐츠의 경험재적 속성이 다시 한번 강조된다. 문화콘텐츠 마케팅의 경우, 위에서 제시한 다섯 가지 각각의 차별화 전략의 전제는 경험의 차별화이다. 그것이 어떠한 방식의 차별화이건 간에 감각적인 차원에서 인지적인 경험으로 이어지는 과정에 대한 만족도를 높이기 위한 다른 경쟁사(제품)와의 차별화 전략이 무엇인가에 대한 문제이기 때문이다.

이러한 관점에서 차별화 전략은 시장에서 경쟁사와 경쟁하고, 특정한 분야에서 비교우위를 갖기 위한 방법이다. 따라서 차별화 전략은 경쟁사에 대한 문제를 반드시 내포하고 있으며, 자사는 경쟁사에 대한 검토를 통해 전략을 수립하고, 시장에서의 위치를 확인하며, 그에 따른 차별화 전략을 진행해야 한다. 자사와 경쟁사(들)를 비교해보면 어떠한 기업이 지배적 위치, 유리한 위치, 불리한 위치 그리고 생존 불능적 위치에 있는지 파악된다. 이를 통해 자사는 어느 기업과 어떻게 차별화할 것인지에 대한 전략을 수립할 수 있다. 결국 차별화 전략은 자사가 경쟁사와 비교하여 시장에서 선도, 도전, 추종 중 어떤 단계에 있는지, 혹은 틈새시장 같은 특정한 상황에 위치하는지 등의 확인이 선행된 후 진행되어야 한다.

4
브랜드 구축

1) 브랜드의 개념

(1) 브랜드란 무엇인가

브랜드란 특정 기업이나 소비자가 상품이나 서비스를 확인하고, 동시에 타사로부터 차별화할 목적으로 사용되는 명칭, 언어, 상징, 디자인 등 일련의 기호를 의미한다. 브랜드는 소비자로 하여금 상품에 대한 상징 소비로의 참여를 가능케 하며, 이를 통해 경쟁사(제품)와 차별화를 꾀하고, 자신들의 상품과 서비스에 기능적 가치 이외의 부가가치를 제공하는 기호이다. 따라서 브랜드는 누가 생산물의 판매 주체인지를 알 수 있게 하며, 동시에 그에 따른 독점적인 권한을 갖도록 한다. 이렇게 보면 브랜드는 단순한 로고 혹은 상표가 아니라 제공물에 대한 의미와 연상을 수반하며, 감성을 자극한다. 동시에 브랜드는 판매 주체와 소비자 간 신뢰의 상징으로 기대할 수 있는 품질과 기능 및 제공될 서비스의 표식이 된다.

이러한 브랜드가 문화콘텐츠 마케팅에서 중요한 이유는 제품과 그 소비자에게 정체성을 확인해주며, 그에 따른 믿음을 명확하게 표현하고 공고히 한다. 특히 브랜드는 구매 선택의 결정적 요소로 작용할 수 있다는 점에서 주목된다. 이는 브랜드가 제품과 그 소비자 모두에게 시장에서의 태도와 신념을 한눈에 알 수 있도록 해주기 때문이다 (Bernstein, 2007, p. 218).

하지만 브랜드는 단시간에 구축되는 것이 아니다. 앞서 언급한 다양한 마케팅 전략을 장시간에 걸쳐 성공적으로 수행했을 때, 브랜드는 비로소 대중에게 신뢰의 상징으로서 구축되며, 정체성을 부여받게 된다. 따라서 브랜드는 마케팅의 집약체이자 결정체라 해도 과언이 아닐 것이다.

이와 관련하여 로라 오즈월드(Laura R. Oswald)는 브랜드를 기호학적 관점에서 살펴보면서, 그 체계가 물질적 · 관습적 · 맥락적 · 수행적 관점에서 구축된다고 논의한 바 있다. 그녀에 의하면, 물질적 관점은 브랜드명, 이미지, 공간, 로고, 패키지, 광고 등과 더불어 스타일, 형식, 서체 등이 포함되며 이를 통해 브랜드 인식을 가능하게 한다. 관습적 관점은 브랜드가 사회적 산물이자 사회적 현상임을 전제로 하고, 그에 따른 사회적 관습인 코드에 의해 구조화되는 것을 의미한다. 즉, 브랜드는 회사나 상품만을 의미하는 것이 아니라 이를 통해 나타나는 소비자의 경험이나 상품에 대한 인식, 연상, 해석의 범주 등이 포함된다. 맥락적 관점은 인종, 국가, 민족, 젠더 등과 같은 문화적 관련성의 맥락을 의미한다. 수행적 관점은 마케터와 소비자의 관계를 강화시키는 것에 대한 논의이며, 마케터는 브랜드를 통해 소비자와 소통하고 서로의 '태도'를 공유하게 된다(Oswald, 2012, pp. 81-91).

이러한 브랜드는 상품 및 서비스의 속성, 혜택, 추구 가치, 라이프스타일, 소비 성향 및 개성, 표적집단 혹은 소비자를 알 수 있게 한다. 물론 이러한 의미는 생산자와 소비자 간에 형성된 일종의 약속 혹은 기호 체계의 차원에서 나타나는 것이기 때문에 반드시 겉으로 의미 전달의 관점에서 표현되는 것은 아닐 수 있다. 하지만 성공적인 브랜드는 그 의미가 소비자의 마음속에 내재되어 있으며, 이는 결국 직접적인 소비 행위로 이어진다는 점을 인식해야 한다.

최근 들어 브랜드는 '브랜드 커뮤니티'라는 관점에서 생산자 혹은 기업에 의해 제공되는 산물(program)이 아니라 소비자의 능동적 소비 과정(process)이라는 점에서 재해석되고 있다. 이는 브랜드 문제가 단지 생산자의 영역으로서 그들에 의해 일방적으로 제시되는 것이 아니라, 소비자가 적극적으로 해당 제품에 대한 가격, 특성, 서비스, 지향 가치, 역사 등과 같은 여러 정보를 공유하고 이를 통해 스스로 충성도를 강화하는 모습을 보인다는 점에서 그러하다. 이러한 양상은 특히 최근의 디지털 환경에서 각종 블로그, 커뮤니티, SNS 등과 같은 여러 커뮤니케이션 채널을 통해 더욱 강화되고 있는 실정이다. 이제 브랜드는 고정된 의미 체계가 아니라 적극적인 소비자에 의해 다양한 방식으로 규정되고 유지되며 변화되는 개념으로 바뀌고 있다.

(2) 브랜드 에쿼티

브랜드 에쿼티(brand equity)란 브랜드가 상품에 부여하는 가치이다. 브랜드 에쿼티는 브랜드에 따라 달라지는 마케팅의 효과라는 관점에서 정의되는데, 상품이나 서비스는 브랜드에 의해 마케팅 효과가 달라진다는 사실과 연관된다. 즉 브랜드 에쿼티는 브랜드가 무엇인가에 대한 문제가 아니라 브랜드에 의해 기업이나 고객에게 가치가 증대되거나 감소되는 상황을 의미하며, 이는 충성도, 소비자 행동 등과 매우 밀접하다. 이렇게 보면, 브랜드 에쿼티는 브랜드에 대한 일련의 지식이 창출하는 바가 무엇인지에 대한 개념을 의미한다. 동시에 지속 가능한 이익 창출을 위해서는 브랜드를 구축하는 것뿐만 아니라, 브랜드 에쿼티를 어떻게 관리하는가가 더욱 중요한 문제가 된다.

(3) 문화콘텐츠의 브랜드

브랜드가 일반적으로 물리적 혹은 유형적 상품의 생산과 소비에 매우 큰 영향력을 행사한다는 것은 익히 알려진 사실이지만, 문화콘텐츠 같은 가치와 의미를 제공하는 영역에서도 중요하다는 점을 인식할 필요가 있다. 문화콘텐츠가 경험을 통해서만 그 재화의 특성을 알게 된다는 점에 비추어 잠재 고객에게 해당 문화콘텐츠를 소구할 수 있는 방법 중 하나가 브랜드이기 때문이다. 다시 말해, 문화콘텐츠의 품질에 대한 판단은 경험하기 전까지는 알 수 없는데, 브랜드는 문화콘텐츠의 생산자와 소비자 모두에게 확고한 믿음을 제시한다는 점에서 중요한 기능을 수행한다는 것이다.

가령 영화, 드라마, 게임 등과 같은 문화콘텐츠의 경우, 이야기, 등장인물 및 배우, 작가 및 감독, 제작사 등의 구성요소를 브랜드로서 구축할 가능성을 가지고 있기 때문이다. 즉 후속편이나 시리즈 등의 제작에서 생산자는 이전 콘텐츠의 브랜드를 통해 소비자에게 접근하며, 동시에 소비자도 그러한 브랜드를 통해 기대감을 가지고 실제 구매까지 이어질 수 있다. 또한 공간형 콘텐츠 등의 경우에서도 해당 지리적 위치나 장소가 가지고 있는 브랜드가 해당 콘텐츠에 영향을 미치며, 마찬가지로 공간형 콘텐츠의 브랜드로 인해 지역 브랜드가 강화되기도 한다.

덧붙여, 브랜드는 제품의 유형적인 요소뿐 아니라 무형적인 특성을 나타내줌으로써 문화예술 기관이 다른 문화콘텐츠로부터 그들의 문화콘텐츠를 변별할 수 있게 해준다는 관점에서도 중요하다. 특히 문화예술 기관은 자신들의 제품을 소비자의 관심을 끌 만한 다른 유형의 유사한 제품과 긴밀하게 제휴하는 브랜딩 전략을 활용할 수도 있다. 이는 문화예술 기관이 소비자에게 그들이 소유하게 될 경험의 유형과 가치를 알려주는 것을 가능케 한다(Kolb, 2000, p. 192). 결국 문화 사업이나 문화 기관 등의 조직에서도 브랜드 강화를 통해 해당 사업에 대한 정체성을 드러내는 작업을 수행할 수 있다. 즉 브랜딩을 통해 해당 사업을 가시적이고 구체적으로 제시 및 진행할 수 있으며, 이를 통해 지속적인 사업을 수행할 수 있다.

마지막으로 문화콘텐츠는 아니지만, 문화콘텐츠의 기획 및 마케팅 과정과 유사한 논리를 가지고 있는 지역 및 도시 브랜드에 대해서도 언급할 수 있다. 지역 · 도시 브랜드는 지역의 자연 및 지리 자원, 역사 및 문화 자원, 물적 자원, 서비스 자원 등의 지역 · 도시의 자원들을 통해 '매력적인' 지역 · 도시의 이미지가 구축되는 것과 연관된다. 이는 지역에서 성공한 상품이나 지역명을 상품명으로 한 것 등과 같은 작은 의미의 브랜드는 물론, 브랜드 개념을 지역의 자원들을 통해 문화적 가치를 구축하고, 이를 다른 지역과의 인식의 차별성을 위해 기획한 상징 체계로 이해할 수 있다. 따라서 지역 · 도시 브랜드는 지역의 문화적 요소를 활용하여 지역만의 고유한 가치를 창출하고, 이를 유지 및 강화하기 위한 일련의 제반 활동과 연관되는 개념이다.

2) 브랜드의 구성요소

브랜드가 일련의 기호 체계라고 한다면, 이를 구성하는 요소들이 존재할 것이다. 브랜드 마케팅의 대가인 케빈 레인 켈러에 의하면, 브랜드를 구성하는 요소들은 일반적으로 브랜드 네임, 로고와 심벌, 캐릭터, 슬로건, 징글, 패키지, URL 등으로 논의될 수 있다(Keller, 2007). 이들은 기업과 상품에 대해 특정한 브랜드로서 인식하게끔 하는 개별 기호들이며, 다양한 감각에 소구하여 소비자와 커뮤니케이션하는 수단이다. 우선 브랜드 네임(brand name)은 브랜드 이미지를 인식시키는 가장 중요한 핵심요소라 할 수 있다. 브랜드 네임은 친숙하면서도 간결하고,

기억 용이성이 높아야 하며, 다른 브랜드 네임과의 차별화 및 독특함이 드러나야 한다.

로고(logo)와 심벌(symbol)은 시각적인 특성으로 인해 소비자에게 브랜드가 쉽게 인지되고 제품을 구별하게 하는 중요한 수단이다. 또한 브랜드 네임과 결합하여 추상적이거나 함축적인 메시지를 이미지로 제시할 수도 있는 장점도 있다. 이는 논리적인 소구보다는 감정적 측면에서 소비자에게 접근하는 특징을 가진다.

캐릭터(character)는 일종의 심벌인데, 그 자체가 가지고 있는 '인간적인' 혹은 '생명력'으로 인해 소비자에게 브랜드에 대한 호감을 갖게 하는 유용한 수단이다. 특히 캐릭터는 다양한 개성을 표출하거나 실질적인 브랜드 홍보 활동에 활용할 수 있다.

슬로건(slogan)은 브랜드에 관한 정보를 전달해주는 짧은 문구이다. 주로 브랜드 광고에 활용되며, 브랜드 네임과 결합하여 설득력을 높이는 수단이 된다. 또한 슬로건은 브랜드 포지셔닝 및 제품 차별화의 강화에 도움을 주는 이점을 가진다.

징글(jingles)은 브랜드에 활용된 일종의 음악적 메시지이다. 징글은 브랜드에 관한 잠재적인 연상 및 의미 작용을 가능케 하며, 기억 용이성을 높이는 효과가 있다.

패키지(package)는 기업과 소비자 모두에게 브랜드를 확인시키고, 정보를 전달하며, 제품의 유통 및 보호를 가능하게 하며, 소비에서 사용성을 높이는 기능을 한다. 모방 가능성이라는 위험이 존재하기는 하지만 패키지는 일반적으로 브랜드 인지에 유용한 요소로 알려져 있다. 특히 패키지의 변화에 따라 제품 판매에 즉각적인 영향을 주기도 하며,

이는 광고보다 더욱 효과적이기도 하다. 패키지는 기술적이고 디자인적인 요인들에 의해 혁신이 가능하다는 점에서 어떠한 기능과 기술을 어떠한 디자인을 통해 활용하는가의 문제가 브랜드 관리자에게 중요한 고려사항으로 인식된다.

URL은 웹페이지의 위치를 나타내는 용도이지만, 보통은 '도메인 네임'으로 불린다. 최근 들어 URL은 소비자가 브랜드를 접하기 위한 가장 일반적인 채널 역할을 하기 때문에 그 중요성이 부각되고 있다. 따라서 이는 브랜드 보호를 위한 새로운 부담 요소로 인식되고 있기도 하다. 많은 경우, URL은 브랜드 네임과 일치하거나 혹은 일치시키기를 바라고 있다. 더 나아가 URL의 직접적 구현체인 웹페이지도 브랜드의 구성요소로서 매우 중요하게 인식되고 있다.

3) 브랜드 스토리텔링

브랜드는 결국 다른 제품과 다른 그 '어떤 것'을 한눈에 알게 해주는 상징이다. 따라서 브랜드는 독창성이 그 핵심이라 할 수 있다. 그러나 독창성만 갖추었다고 해서 모든 브랜드가 성공적인 것은 아니다. 여기서 말하는 독창성이 반드시 특이함을 뜻하는 것이 아님을 이해하는 것이 중요하다.

이에 대해 로렌스 빈센트(Laurence Vincent)는 브랜드와 이야기의 관계에 주목한다. 그에 의하면, 브랜드는 오랜 시일에 걸쳐 형성된 일종의 신념이며, 신화이다. 일상적인 이야기와 달리 신화는 누구나 알고 있으며, 그에 대한 사실 여부를 따지지 않고 '그냥' 믿는다. 성공적인 브랜드는 이러한 신화 같은 위치를 점하고 있으며, 실제로 그러한 브랜드는 신화 같은 브랜드 이야기를 가지고 있다. 중요한 것은 이러한 이야기가 단순히 기능적인 속성만 가지고 있는 것이 아니라는 점이며, 이야기는 소비자의 신뢰에 대한 논리적 근거를 제공할 뿐만 아니라 감성을 자극한다는 점에서 주목할 만하다. 또한 이야기는 소비자의 관습과 행동을 지시한다는 점에서 일종의 '브랜드 문화, 브랜드 공동체'를 만들기도 한다(Vincent, 2003). 현대사회에서 수많은 기업과 상품이 존재하지만, '나의 제품'이라는 위치 선정과 그에 따른 소비자 정체성의 구축이 브랜드와 매우 긴밀한 관계에 있다면, 브랜드 이야기는 브랜드를 소비하는 사람들로 하여금 동질성과 공통된 추구 가치를 느낄 수 있게 하며, 그 속에 소비자를 참여시키고, 결국 구매로 이어지게 한다는 점에서 의미 있는 요소가 된다.

로렌스 빈센트는 브랜드 이야기를 활용하기 위해 브랜드 매개체를 활용할 것을 제안한다. 브랜드 매개체는 기업이 상징하는 브랜드 이야기를 대변할 수 있으며, 동시에 이러한 매개체는 다양하게 활용될 수 있기 때문에 유용하다는 것이다. 아래 표는 로렌스 빈센트가 제안한 브랜드 매개체 개념에 문화콘텐츠 및 지역 · 도시 브랜드 영역을 추가하여 재구성한 것이다.

브랜드 매개체를 활용함에 있어 고려해야 할 사항은 이것이 계속해서 관리되어야 하며, 브랜드 이야기와 결합하여 공생 시스템 속에서 브랜드 가치를 촉진할 수 있어야 한다는 것이다. 또한 브랜드 이야기가

〈표 11〉 브랜드 매개체

사람을 기반으로 하는 브랜드 매개체	창업자와 CEO(빌 게이츠, 스티브 잡스, 마이클 델 등), 지자체의 자치단체장, 역사적 인물	브랜드 비즈니스의 목표와 일치하며, 순수성을 창출할 수 있다. 단 모든 사람이 매개체가 될 수는 없으며, 브랜드 이야기는 변할 수 있지만 그들은 변하지 않는다. 해당 인물에만 의존하게 되면, 브랜드 전략이 매우 경직될 수 있다.
	유명인 · 스타(펩시, 아디다스, 나이키의 사례, 공연 콘텐츠, 최근의 게임콘텐츠 등)	스타의 힘을 통한 즉각적 인지 및 이야기 전달 능력이 탁월하다. 하지만 유명인은 브랜드와 연관되는 풍부한 연상 집합을 가지고 있어야 한다. 또한 유명인의 실제 생활이 브랜드 비즈니스 목표와 일치하는 경우가 드물고, 특히 비용투자가 크다는 단점이 있다. 간혹 스타에게 법적 · 도덕적 문제가 생길 경우, 브랜드도 타격을 입을 수 있다. 그리고 중복적으로 다양한 브랜드에 노출되는 유명인은 제품과의 보증 관계 효과가 떨어지기도 한다. 이에 스타는 계속 창출되고 변화될 수 있는 '기호'임을 파악해야 한다.
	가상적 인물(네슬레의 퀵버니, 콘프로스트의 호랑이, 디즈니의 미키, 카카오톡 캐릭터, 라인 캐릭터, 지자체의 캐릭터 등)	필요에 맞추어 창조 및 변형이 가능하며, 브랜드에 소속되는 장점이 있다. 단, 질리기 쉽고 순수성이 부족할 수 있다. 상대적으로 적은 비용으로 이용할 수 있으며, 해당 매개체가 상품이 되어 새로운 가치 창출을 가져올 수도 있다.
장소를 기반으로 하는 브랜드 매개체	운영할 수 있는 장소 소유(디즈니, 애플 숍, 많은 패션 브랜드, 카카오프렌즈 숍 등)	완벽한 이야기의 조성과 브랜드의 순수한 표현이 가능하다. 직접적으로 고객과 소통할 기회가 된다는 장점도 있지만, 인력과 물적 기반 시설에 대한 비용이 많이 소요되기도 한다.
	공동의 장소(백화점, 마트, 최근의 온라인 플랫폼 등)	잘되면 자신들만의 이야기를 할 수 있으나, 소음이 너무 많은 단점도 있다. 또한 항상 다른 브랜드들과 직접적으로 경쟁해야 하는 조건에 놓여 있으며, 노출을 통한 주목을 끌기가 다소 어렵기도 하다.
	장소의 후원(야구장, 공연장, 축제, 박물관 등)	다른 브랜드 이야기를 이용할 기회를 가지며, 판매 활성화 가능성을 가진다. 단 무질서를 초래할 수 있으며, 오히려 자신들의 브랜드에 대해 아무것도 말할 수 없을 수도 있다. 따라서 비교적 장시간 그리고 정기적인 투자를 해야 효과를 얻을 수 있다.

장소를 기반으로 하는 브랜드 매개체	인공적/가상 장소(웹, SNS, 유튜브 등)	비용이 저렴하다. 초창기에는 접근성의 문제가 제기되었으나, 최근에는 디지털미디어의 보편화 및 활성화로 인해 필수적인 매개체로 부상하고 있다. 이와 동시에 다양한 방식으로 브랜드 이야기를 제공할 기법들도 개발되고 있다.
브랜드 매개체로서의 사물	상품(일부 명품 등의 사례), 지역특산물	해당 제품이 직접적 관련성을 가진 브랜드의 대상이다. 단 지루할 수 있으며, 이야기가 빈약하고, 브랜딩을 위한 방법이 다소 제한적일 수 있다.
	판촉물품과 그 외의 물건들(해피밀, 굳즈 등), 지역 기념품	융통성이 있으며, 필요에 따라 개발되고 보충 가능하다. 단 충동적인 경우가 많으며, 실패하는 사례도 종종 있다. 다른 브랜드 매개체를 활용하면 효과를 가져올 수 있다.

약하면, 이러한 매개체를 활성화시켜 브랜드를 강화하거나 혹은 그 반대로 활용할 수도 있다.

결국 브랜드는 일련의 마케팅 전략들과 직접적으로 관련되어 있으며, 동시에 마케팅의 다양한 환경인 시장과 경쟁사의 문제를 수반한다. 문화콘텐츠 마케팅에서 브랜드는 선도 업체 혹은 대기업 위주로 구축되어 있는 것이 현실이다. 하지만 성공적인 브랜드는 항상 그 규모가 가장 크거나 역사가 가장 오래되었거나 혹은 품질이 가장 우수해서 구축된 것이 아니다. 물론 이러한 요소들을 통해 브랜드를 구축할 수 있지만, 브랜드는 이와 별도로 다양한 관점에서 나타나는 상징이기 때문에 오히려 문화콘텐츠 마케팅 환경에 더욱 적합할 수 있다.

마지막으로, 브랜드 자체가 기호라고 했듯이 브랜드는 실체가 없으며, 물리적인 속성을 가지고 있지 않다는 점에서 문화콘텐츠의 속성과 닮아 있다. 따라서 브랜드 구축 작업은 일종의 문화콘텐츠 기획 과정과 유사할 수 있다.

참고문헌

Aaker, D. A. & Shansby, J. G. (1982). Positioning Your Product. *Business Horizons. Vol.25. issue 3. May-June*. pp. 56-62.

Bernstein, J. S. (2007). *Arts Marketing Insights*. 임연철 외 역(2007). 《문화예술 마케팅》. 서울: 커뮤니케이션북스.

Boyd, H., Walker, O. & Larréché, J-C. (1998). *Marketing Management: A Strategic Approach with a Global Orientation*. Boston: Irwin/McGraw-Hill.

Derek, F. A. (1980). *Defining the Business: The Starting Point of Strategic Planning*. Englewood Cliffs, N.J.: Prentice-Hall.

Godin, S. (1999). *Permission Marketing: Turning Strangers into Friends, and Friends into Customers*. New York: Simon & Schuster.

Keller, K. L. (2007). *Strategic Brand Management: Building, Measuring, and Managing Brand Equity*. 이상민 외 역(2007). 《브랜드 매니지먼트》. 서울: 비즈니스북스.

Kolb, B. M. (2000). *Marketing cultural organisations*. 이보아 외 역(2004). 《문화예술기관의 마케팅》. 파주: 김영사.

Kotler, P. (1999). *Kotler on Marketing*. 김정구 역(1999). 《미래형 마케팅》. 서울: 세종연구원.

______. (2003). *Marketing Management*. 윤훈현 역(2004). 《마케팅관리론》. 서울: 석정.

Maslow, A. (1987). *Motivation and Personality*. New York: Harper and Row.

Oswald, R. L. (2012). *Marketing Semiotics: Sign, Strategies, and Brand Value*. 엄창호 역(2013). 《마케팅 기호학: 기호, 전략, 브랜드 가치》. 서울: 커뮤니케이션북스.

Peppers, D. & Rogers, M. (1993). *The One-to-One Future*. New York: Currency Doubleday.

Ries, A. & Trout, J. (2000). *Positioning*. 안진환 역(2002). 《포지셔닝》. 서울: 을유문화사.

Vincent, L. (2002). *Legendary Brands*. 박주민 역(2003). 《스토리로 승부하는 브랜드전략》. 서울: 다리미디어.

찾아보기